LECTURA

CONEXIONES DE SEAHORSE

AYUDANDO A MI HIJO

Una guía para el acompañamiento lector

4º GRADO

SEAHORSE PUBLISHING

ÍNDICE

LA CIENCIA DE LA LECTURA

La lectura es una habilidad esencial para tener éxito en la escuela y en la vida. Para entender cómo los niños aprenden a leer, los padres de familia deben tener conocimientos de la ciencia de la lectura.

La *ciencia de la lectura* es un término que se refiere a más de 20 años de investigación realizada por expertos en la forma en la que la gente aprende a leer. La investigación muestra que la lectura no se desarrolla de manera natural. Para mucha gente, requiere de un gran esfuerzo. Aprender a leer es más efectivo cuando sucede a través de un proceso paso a paso basado en estrategias y técnicas respaldadas por investigaciones comprobadas.

Una buena enseñanza de lectura está compuesta de varias partes importantes. Ayuda a los estudiantes a desarrollar habilidades de conciencia fonológica, en el método fonético (phonics), fluidez, vocabulario y comprensión. Todas estas habilidades ayudan a los estudiantes a construir caminos en su cerebro que conectan las palabras con sus sonidos, escritura y significados. Al usar la ciencia de la lectura como una guía, padres de familia y maestros podrán ayudar a nuestros hijos en el proceso de aprendizaje de la lectura.

Esta guía está diseñada para que los padres de familia puedan ayudar a sus hijos en el proceso de aprendizaje de la lectura en inglés, aunque también puede servir de base para el acompañamiento lector en otros idiomas.

CLAVES PARA UNA ENSEÑANZA DE LECTURA EFECTIVA

Conciencia fonológica: La habilidad para reconocer, pensar y trabajar con los sonidos que conforman las palabras habladas.

El método fonético (phonics): La comprensión de la relación entre los sonidos y las letras que los representan por escrito.

Fluidez: La habilidad para leer rápido y de manera precisa.

Vocabulario: La comprensión de los significados de las palabras.

Comprensión: La obtención de significados a través de la lectura.

CREANDO LECTORES HÁBILES

Leer va más allá de pronunciar las palabras. Los lectores hábiles deben reconocer las palabras, así como entender sus significados en un nivel profundo. También entretejen las habilidades de memorización, fonéticas, de vocabulario, los conocimientos previos y más.

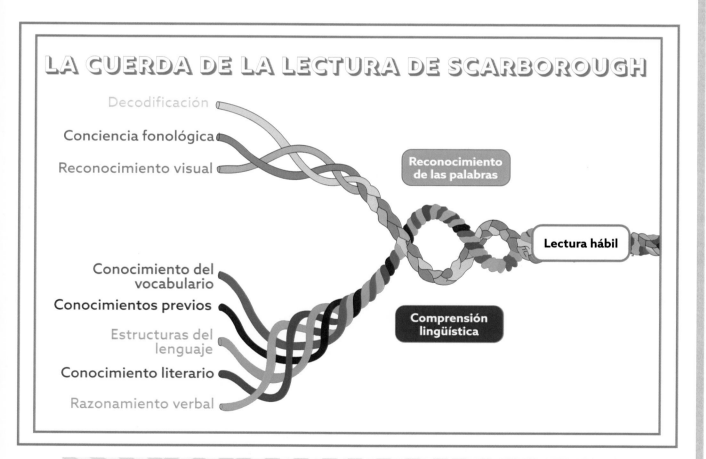

LA CUERDA DE LA LECTURA DE SCARBOROUGH

Decodificación

Conciencia fonológica

Reconocimiento visual

Reconocimiento de las palabras

Conocimiento del vocabulario

Conocimientos previos

Estructuras del lenguaje

Conocimiento literario

Razonamiento verbal

Comprensión lingüística

Lectura hábil

Para mostrar cómo los niños hacen uso de una variedad de habilidades para convertirse en lectores hábiles, la Dra. Hollis Scarborough creó la Cuerda de la Lectura. En 2001, este modelo fue publicado en el *Handbook of Early Literacy Research* (Manual de investigación sobre alfabetización temprana), de Neuman/Dickinson.

HABILIDADES DE DESCIFRAMIENTO:
LAS PALABRAS TIENEN PARTES

Los lectores hábiles pueden ver palabras desconocidas y separarlas en partes más pequeñas. Esto los ayuda a descifrar las palabras y entender cómo leerlas y qué significan. Cuando los lectores hacen esta separación, en ocasiones están viendo las letras de cada palabra. A veces, notan las sílabas que conforman la palabra. Otras veces, ponen atención a los prefijos, sufijos y otras partes de la palabra. Regularmente, los lectores hábiles llevan a cabo las tres. Saber cómo separar las partes de las palabras es importante para crecer como lector y desarrollar la fluidez. Los estudiantes de cuarto grado se encuentran en la escuela con palabras cada vez más largas. Es esencial que cuenten con buenas habilidades de desciframiento.

TIPOS DE SÍLABAS

CERRADAS	ABIERTAS	E MÁGICA	EQUIPO DE VOCALES	R CONTROLADA	CONSONANTE + LE
hat rab-bit	me ba-by	time rep-tile	coat rac-coon	farm mar-ket	cas-tle ap-ple
La consonante está después de la vocal.	La vocal está al final de cada sílaba.	Contiene el patrón de la vocal-consonante-*e* muda.	Contiene dos o más vocales juntas.	La vocal es seguida de la letra *r*.	Contiene una consonante y *le* al final de una palabra.
Sonido de vocal corta.	Sonido de vocal larga.	Sonido de vocal larga.	Sonido largo, corto o especial.	/ar/, /or/, /ur/	Sonido de la consonante + /l/.

CÓMO SEPARAR UNA PALABRA

Palabra compuesta: ¿Está hecha de dos palabras más pequeñas? Dibuje una línea entre ellas.

Sufijo (la parte final): ¿Termina en *-ed*, *-ing*, *-ful*, *-tion*, etc? Dibuje una línea antes del sufijo.

Prefijo (la parte inicial): ¿Comienza con *pre-*, *un-*, *dis-*, etc? Dibuje una línea después del prefijo.

Letras dobles: ¿Las consonantes dobles están entre dos vocales? Dibuje una línea entre las dos consonantes.

V-C-C-V: ¿Hay dos consonantes (que juntas no producen un solo sonido) entre dos vocales? Dibuje una línea entre las dos consonantes.

V-C-V: ¿Hay una consonante entre dos vocales? ¿O un equipo de consonantes entre dos vocales?

-Dibuje una línea después de la primera vocal. Eso hace que la primera sílaba sea abierta y la vocal larga. ¿Eso forma una palabra? Si no, trate la primera vocal como si fuera una *e* corta. ¿Eso forma una palabra?

-Dibuje una línea después de la consonante o grupo de consonantes. Eso hace que la primera sílaba sea cerrada y la vocal corta. ¿Eso forma una palabra?

ACTIVIDADES PARA FORTALECER LAS HABILIDADES DE DESCIFRAMIENTO

RETO

Consiga una lista con palabras de cuatro, cinco y seis sílabas. Use un cronómetro para descubrir quién es más rápido usando sus habilidades de silabización, separación y del método fonético para leer las palabras.

HAZ LA PALABRA

Consiga una lista de palabras de dos sílabas. Escriba cada sílaba en una ficha catalográfica diferente. Cada palabra tendrá una ficha para la primera sílaba y otra para la segunda. Coloque las fichas boca abajo y revuélvalas. El primer jugador levantará dos fichas. Si forman una palabra, el jugador se quedará con las fichas y levantará otras dos. Si las fichas no forman una palabra, el jugador las colocará de nuevo boca abajo en su lugar y el siguiente jugador intentará encontrar dos que formen una palabra. Continúen así hasta que todas las fichas estén emparejadas. Ganará el jugador que tenga el mayor número de palabras.

CACERÍA DE SÍLABAS

Escoge un tipo de sílaba (por ejemplo, sílabas cerradas) o una estrategia para separar las partes de una palabra (por ejemplo, dividir consonantes dobles). Busca palabras en libros que tengan ese tipo de sílaba o que puedan funcionar con esa estrategia de separación de palabras. Haz una lista con ellas. ¿Cuántas pudiste encontrar?

VIDEOMAESTRO

Con su hijo, grabe un video corto en el que se enseñe a otros a usar las reglas silábicas para separar palabras largas en partes. Con la aprobación de su hijo, muéstrela a su maestro.

LA FLUIDEZ:
LEYENDO
CON FACILIDAD

La fluidez es la habilidad para leer con una velocidad y expresividad razonables. Alguien que lee con fluidez no necesita detenerse a decodificar cada palabra. Se pueden enfocar en lo que la historia o el texto significan. La fluidez es el puente entre la decodificación de palabras y su comprensión.

Su hijo que estudia el cuarto grado lee con facilidad. Cuando lee en voz alta, su tono y expresión cambian para reflejar el significado del texto y responder a lo que sucede en la historia. La mayoría de los estudiantes de cuarto grado comienzan el año escolar leyendo alrededor de 90 a 100 palabras por minuto. La meta es que lean 120 a 140 palabras por minuto al finalizar el grado. La mejor manera de incrementar la velocidad es a través de la práctica continua.

GRÁBELO

Después de que su hijo practique la lectura de un libro, haga un audio o video de su lectura en voz alta. Escúchenlo o véanlo juntos y hablen sobre lo que salió bien y lo que se debe mejorar. Si su hijo así lo desea, grábelo de nuevo.

CÓMO ENCONTRAR LOS LIBROS ADECUADOS

ACTIVIDADES PARA CONSTRUIR UNA LECTURA FLUIDA

RETO DEL LIBRO DE LA SEMANA

Escoja un libro que tenga alrededor de 75 a 100 palabras. El domingo, lean el libro juntos al menos una vez. Use un cronómetro mientras su hijo lee en voz alta. Anote el tiempo que le toma a su hijo leer. Anote también si su hijo necesitó ayuda. Lean el mismo libro el lunes. De nuevo, tome el tiempo a su hijo y anote si necesitó ayuda. Continúe con el mismo procedimiento cada día por una semana. Al final, muestre a su hijo las evidencias de cómo lee cada vez con más fluidez.

MONITOREE EL PROGRESO

Seleccione una página de un libro por capítulos o alguna otra lectura que tenga al menos 100 palabras. Haga uso de los lineamientos que están abajo, en la sección «El libro perfecto», para asegurarse de que el nivel de lectura es el adecuado para su hijo. Elabore un gráfico de monitoreo de la fluidez como el que aparece a la derecha. Anote el título de la selección de lectura. Programe un temporizador a 60 segundos. Pida a su hijo que comience a leer. Recuérdele que debe enfocarse en leer con la expresividad adecuada, no sólo en la velocidad. Cuando suene la alarma, haga una marca en el gráfico de monitoreo. En la parte inferior de una columna, anote la fecha y el número de palabras leídas correctamente en un minuto. Ilumine la columna de manera que registre cuántas palabras fueron leídas. Use un color diferente para cada día de práctica.

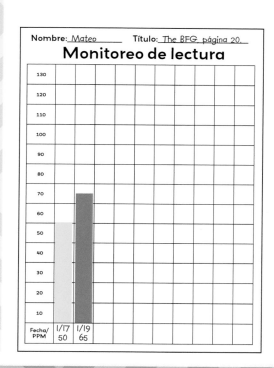

Nombre: _Mateo_   Título: _The BFG, página 20._

Monitoreo de lectura

(gráfico de barras: 130, 120, 110, 100, 90, 80, 70, 60, 50, 40, 30, 20, 10; Fecha/PPM — 1/17 50, 1/19 65)

DEMASIADO SENCILLO

Conoces todas las palabras. Puedes contar la historia con tus palabras fácilmente. Ya leíste el libro muchas veces. Lo lees demasiado rápido.
¿Esto describe a tu libro? Intenta con uno más difícil.

EL LIBRO PERFECTO

- Conoces la mayoría de las palabras.
- Entiendes lo que estás leyendo y lo puedes contar con tus propias palabras.
- Lees a una velocidad constante.

¿Esto describe a tu libro? Este libro es perfecto para ti.

DEMASIADO DIFÍCIL

- Hay muchas palabras difíciles.
- Olvidas información importante conforme lees.
- Estás leyendo muy lento.

¿Esto describe a tu libro? Intenta con uno más fácil.

EL VOCABULARIO:
LAS PALABRAS TIENEN SIGNIFICADOS

El vocabulario juega un papel crítico en el proceso de aprendizaje de la lectura. Para entender lo que lee, un niño debe saber lo que significan las palabras. Los niños necesitan un amplio «banco de palabras» para echar mano de él mientras leen. Esto incluye dos tipos distintos e importantes de vocabulario: el vocabulario expresivo, que se usa para comunicar ideas, y el vocabulario receptivo, que se usa para recibir y entender la información a través de las actividades de lectura y escucha.

Es importante ver el vocabulario desde distintos ángulos. Los niños tendrán más éxito cuando sus vocabularios sean tan amplios como profundos. Es decir, necesitan conocer muchas palabras y tener un amplio entendimiento de lo que significan. Tener buenas habilidades con respecto al vocabulario permite a los niños escoger la palabra adecuada para expresar un pensamiento. Los deja conectar y categorizar las palabras para formar conocimientos básicos sólidos.

¡HAZ UN MAPA!

Crea un mapa conceptual. Escribe una palabra de vocabulario en el centro de una hoja de papel. Luego, divide la hoja en cuatro secciones. En la primera caja, escribe una definición sencilla. En la segunda caja, escribe ejemplos de palabras que signifiquen lo mismo que la palabra de vocabulario. En la tercera caja, haz conexiones con tu vida o con algo que sepas. En la cuarta caja, agrega una imagen que represente la palabra.

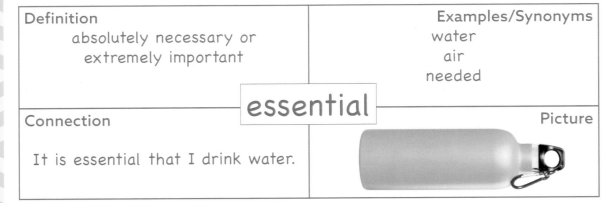

Definition	Examples/Synonyms
absolutely necessary or extremely important	water air needed
essential	
Connection	Picture
It is essential that I drink water.	

TIPOS DE VOCABULARIO

Vocabulario auditivo: Las palabras que escuchamos.

Vocabulario oral: Las palabras que decimos.

Vocabulario de lectura: Las palabras que leemos.

Vocabulario de escritura: Las palabras que escribimos.

ACTIVIDADES PARA LA CONSTRUCCIÓN DEL VOCABULARIO

PALABRAS PARA LA NO FICCIÓN

Cuando su hijo lea un libro o artículo de no ficción, hablen acerca de las palabras nuevas que aprendió y que se relacionan con el tema leído. Pida a su hijo que comparta con otros las palabras que aprendió.

NUEVAS PALABRAS COMPARTIDAS

Cada día, pida a un miembro distinto de la familia que les enseñe a todos los miembros una palabra nueva. Entre todos, hagan un cartel, compongan una canción o creen una obra pequeña que incluya la definición de la palabra, palabras similares, una oración que utilice la palabra y un dibujo. Busquen oportunidades para usar la palabra nueva durante las conversaciones en casa.

LECTURA DE PALABRAS NUEVAS

Cuando su hijo esté leyendo, está bien que se detengan a hablar de una palabra nueva. Lean de nuevo la oración y pregunte a su hijo qué piensa que significa. Dele una definición para niños. Ayude a su hijo a hacer una conexión personal con la palabra.

MI DIARIO DE PALABRAS

Pida a su hijo que haga un diario de palabras. Use un cuaderno con espiral o una libreta. Escriba una palabra nueva para el vocabulario en cada página. Dibuje una representación de la palabra. Escriba una definición y una oración que usen esa palabra. Use cuadernos distintos para Matemáticas, Ciencia, Ciencias Sociales y Lingüística.

EL VOCABULARIO: EL PODER DE LAS PALABRAS ETIMOLÓGICAS BASE, LOS PREFIJOS Y LOS SUFIJOS

Muchas palabras de la lengua inglesa tienen una relación muy cercana entre sí. Es posible crear palabras nuevas agregando a una palabra base distintas partículas iniciales y finales. Piense en la palabra *connect*. Por sí sola tiene un significado, pero este cambia cuando se le agregan prefijos y sufijos para crear palabras como *disconnect* y *connectivity*.

Las raíces de las palabras (*word roots*) son como las palabras etimológicas base (*base words*), pero se diferencian de estas últimas en que no pueden usarse por sí solas. Necesitan algo más para convertirse en una palabra. Más de la mitad de las palabras del inglés tienen sus raíces en el griego o en el latín. Los estudiantes de cuarto grado comienzan a leer más libros y artículos técnicos. Las raíces de las palabras pueden ayudarlos a entender alrededor del 75 por ciento del vocabulario encontrado en este tipo de textos. Aprender unas cuantas raíces, prefijos y sufijos puede ayudarlos a descubrir el significado de muchas palabras nuevas. Esto les permitirá comprender materiales de lectura más difíciles.

PARTÍCULAS COMUNES DE LAS PALABRAS Y SU SIGNIFICADO

Raíces

aqua: agua (aquarium)
aud: oír o escuchar (audio)
auto: por sí mismo (automobile)
bio: vida (biology)
cent: cien (percent)
fac: hacer (factory)
graph: escribir (autograph)
hydr: agua (hydration)
magni: grande o grandioso (magnify)
meter: medir (thermometer)
multi: muchos (multiple)
port: cargar (transport)
struct: construir (construct)
therm: calor (thermometer)
vis: ver (invisible)

Prefijos

de: fuera, opuesto (defrost)
dis: no, opuesto (disagree)
fore: antes, frente a (forearm)
in/im: no (indirect, imbalance)
mid: en medio (midfield)
non: no (nonsense)
re: de nuevo (redo)
sub: debajo (subway)
un: no, opuesto (unusual)

Sufijos

able/ible: es, puede ser (affordable, sensible)
er/or: la persona que (gardener, professor)
er: más (taller)
est: el más (tallest)
ful: lleno de (helpful)
ize: convertirse en (civilize)
less: sin (hopeless)
ment: estado del ser (contentment)
y: caracterizado por (smelly)

ACTIVIDADES PARA EL FORTALECIMIENTO DEL VOCABULARIO

¡CÁNTALA!

Escribe una canción sobre palabras que compartan raíces, prefijos y sufijos. Crea estrategias visuales, como señas y gestos manuales, para ayudar en la enseñanza del significado de cada parte de la palabra. Canta la canción y haz un video para compartirla.

¡HAZ UN MAPA DE ELLA!

Dibuja un círculo a la mitad de una hoja de papel. Dentro, escribe una palabra raíz, un prefijo o un sufijo. Escribe también el significado de cada partícula. Luego, piensa en cuatro palabras que usen la raíz, el prefijo o el sufijo. En cada esquina de la página, escribe cada una de las palabras. Agrega una ilustración sobre la palabra y una oración que la use.

Word: exhale
Sentence: Exhale as you bend forward.
Illustration:

Word: excavate
Sentence: They will excavate this area for the basement.
Illustration:

Prefix: ex-
Meaning: out of

Word: exchange
Sentence: We exchange gifts every year.
Illustration:

Word: exclaimed
Sentence: She exclaimed in joy when she saw the surprise.
Illustration:

LA COMPRENSIÓN:
ENTENDIENDO
LO LEÍDO

La comprensión de la lectura es la esencia de la lectura misma. Es la habilidad que se tiene para entender los significados de lo leído. Es una habilidad compleja que se desarrolla con el tiempo. Para lograr una comprensión profunda, las mentes de los niños deben ser «encendidas» y pensar activamente sobre lo que están leyendo.

Los niños que cursan el cuarto grado leen con fluidez. Su comprensión puede ir más allá de la comprensión simple de la trama y los sucesos, para analizar los libros que leen a través del entendimiento de conceptos complejos. Pueden pensar con profundidad acerca de las moralejas y mensajes de las historias que leen y relacionarlos con su propia vida. Comparan y contrastan textos. Están conscientes de cómo están organizados los textos y pueden usar características de estos, tales como encabezados y pies de foto, para obtener significados adicionales. Los estudiantes de cuarto grado pueden relacionar pistas y llegar a conclusiones acerca de lo que leyeron.

Símbolo	Significado
LOL!	Pasaje divertido.
*	Pasaje importante.
!	Pasaje emocionante o impactante.
?	Pasaje confuso o palabra desconocida.
—✕—	Pasaje donde hice una conexión.
+/-	Pasaje con el que estoy de acuerdo o en desacuerdo.
E	Pasaje que contiene evidencia.
🔍	Pasaje donde llegué a una conclusión.

LECTURA ACTIVA CON ANOTACIONES

La lectura activa ocurre cuando el lector se concentra e involucra en el texto. El lector piensa en lo que está siendo leído y hace conexiones. Este tipo de lectura es esencial para la comprensión.

Pida a su hijo que haga notas breves al margen para practicar la lectura activa y expresar sus pensamientos. Pueden dibujar en notas adhesivas los símbolos mostrados aquí arriba para colocar en el texto.

ACTIVIDADES PARA FORTALECER LA LECTURA DE COMPRENSIÓN

LECTURA COMPARTIDA

Escojan un libro. Lea en voz alta el primer párrafo o las dos primeras oraciones. Hablen acerca de lo leído. Pida a su hijo que lea el párrafo siguiente o par de oraciones. Continúen hablando de la historia mientras leen de manera compartida.

¡CONÉCTALA!

Ayude a su hijo a hacer conexiones con lo que esté leyendo. Pregúntele lo siguiente:

Texto a sí mismo: ¿Cómo se conecta la historia o el texto con tu vida?

Texto a texto: ¿De qué manera la historia o el texto se conectan con otra lectura que hayas hecho?

Texto al mundo: ¿De qué manera la historia o el texto se conectan con un suceso, un problema o algo más en el mundo?

LEER ES PENSAR

PREGUNTA:
Haz preguntas antes, durante y después de la lectura.

CONECTA:
Conecta el texto con lo que sabes y con quien eres.

PREDICE:
Usa las pistas que proporciona el texto para predecir qué sucederá más adelante.

VISUALIZA:
Crea una película en tu cabeza mientras lees.

CONDENSA:
Concéntrate en las ideas principales.

INFIERE:
Combina tus conocimientos previos con las pistas que hay en el texto para hacer inferencias.

SINTETIZA:
Encuentra significados nuevos mientras lees.

LA COMPRENSIÓN:
EL ENTENDIMIENTO DE TEXTOS LITERARIOS

Los textos literarios cuentan una historia. Abarcan novelas, cuentos, poesía y dramaturgia. Leer literatura ayuda a los niños a usar su imaginación. Conforme leen sobre los pensamientos y experiencias de distintos personajes, los niños desarrollan empatía por los demás.

Todos los textos literarios están organizados alrededor de elementos propios de la ficción, como los personajes, la ambientación, los giros dramáticos y el mensaje. Estos elementos motivan a los niños a pensar sobre causas y efectos cuando reflexionan acerca de la forma como los personajes responden a sus circunstancias y toman decisiones. Leer literatura expone a su hijo a modelos de lenguaje abundantes. Conforme leen las historias, aprenden palabras nuevas y patrones en las oraciones.

ELEMENTOS DE LA FICCIÓN

Todas las historias de ficción tienen estos elementos en común.

PERSONAJES
La gente o animales en la historia.

AMBIENTACIÓN
Cuándo y dónde sucede la historia.

NUDO
El problema principal o el conflicto que enfrenta el personaje.

MENSAJE
Las lección o moraleja de la historia.

SUCESOS
Lo que ocurre en la historia.

DESENLACE
Cómo los personajes resuelven el problema.

ACTIVIDADES PARA FORTALECER LA COMPRENSIÓN DE LECTURA

MI LIBRO FAVORITO

¿Usted tiene algún libro de cuentos o por capítulos favorito de su infancia? Compártalo con su hijo. Encuentren un lugar cómodo para turnarse leyendo juntos y en voz alta. Conforme leen, hagan pausas para hablar de los personajes y los sucesos. Luego, vayan a la biblioteca, librería o busquen en línea para descubrir otros libros que se convertirán en favoritos y leerlos juntos.

¡SÉ UN DETECTIVE DE INFERENCIAS!

En ocasiones, la información no es proporcionada de manera directa. En esos casos, el lector debe usar sus conocimientos y las pistas del texto para llegar a una conclusión a través de inferencias. Por ejemplo, si una persona entra a un lugar cerrado con un paraguas mojado, puedes inferir que afuera está lloviendo. Hacer inferencias es como ser un detective. Requiere de tiempo y práctica. Sigue estos pasos:

Paso 1: Haz preguntas.

Paso 2: Encuentra evidencias que podrían responder esas preguntas.

Paso 3: Llega a una conclusión basado en el razonamiento y la evidencia.

PREGUNTAS DE COMPRENSIÓN PARA TEXTOS LITERARIOS

Ideas principales y detalles

- ¿Por qué ocurrió este suceso? ¿Cómo lo sabes?
- ¿De qué manera las acciones del personaje principal modificaron lo que sucede en la historia?
- ¿Qué problema grande tiene el personaje principal? ¿Cómo es resuelto ese problema?
- ¿Qué rasgos de personalidad tiene el personaje principal?
- ¿Cuál es la lección o moraleja de la historia?
- ¿Por qué el autor escribió esta historia? ¿Qué evidencias tienes para respaldar tu suposición?

Escritura y estructura

- ¿Qué significa esta palabra u oración? ¿Cómo lo sabes?
- ¿Cómo están conectadas las distintas partes de la historia?
- ¿Quién cuenta la historia? ¿Cómo lo sabes?
- ¿El narrador y el autor son la misma persona? ¿Cómo lo sabes?
- ¿Cómo contarías esta historia con tus propias palabras?

Integración de ideas y conocimientos

- ¿Qué muestra esta ilustración?
- ¿En qué se parece la versión en película? ¿En qué se diferencia?
- Para libros que forman parte de series: ¿Qué permanece igual entre cada libro? ¿Qué cambia?

LA COMPRENSIÓN:
EL ENTENDIMIENTO DE TEXTOS INFORMATIVOS

Los textos informativos proporcionan datos reales y explican ideas. Su propósito es informar al lector acerca de un tema específico. Los textos informativos pueden ser artículos, libros científicos o de historia, autobiografías y manuales. Al leer textos informativos, los niños enriquecen sus conocimientos previos y aprenden acerca del mundo.

Saber cómo están organizados y cómo usar sus elementos paratextuales forma parte de la comprensión de los textos informativos. Reconocer patrones organizativos tales como la comparación y el contraste, así como la solución de problemas, ayuda a los estudiantes a dar sentido a informaciones complejas. Aprender a encontrar y usar los elementos paratextuales como los encabezados, pies de foto y glosarios ayuda a los lectores a navegar el texto, hacer conexiones y entender.

TIPOS DE ESTRUCTURAS TEXTUALES	Definición	Palabras clave	Organizador gráfico
Comparación y contraste	El autor muestra cómo dos o más cosas son parecidas y diferentes.	similar, alike, different than, both, on the other hand	
Secuencia	El autor presenta los sucesos en orden cronológico o paso por paso.	first, second, third, after that, then, finally, lastly	
Causa y efecto	El autor describe lo que sucede como resultado de un suceso o decisión.	if, then, because, due to, as a result, since	
Descripción	El autor describe detalladamente las partes de algo o sus características.	left, right, top, bottom, for example, for instance, specifically	
Solución al problema	El autor muestra un problema y explica al menos una solución.	so, because of, solve, issue, due to, lead to a problem	

ACTIVIDADES PARA EL FORTALECIMIENTO DE LA COMPRENSIÓN DE LA LECTURA

LEAN E INVESTIGUEN JUNTOS

Escojan un tema sobre el que les gustaría saber más. Doblen a la mitad, de manera vertical, una página de un cuaderno. Pida a su hijo que en el lado izquierdo escriba de tres a cinco preguntas sobre el tema. Luego, investiguen el tema en libros y sitios confiables. Su hijo podrá escribir una respuesta a cada pregunta en el lado derecho de la hoja.

A LA BÚSQUEDA DE LOS ELEMENTOS PARATEXTUALES

Cuando su hijo lea libros informativos, rételo a encontrar los elementos paratextuales. Hablen acerca de cómo ese elemento ayuda al lector a navegar y entender la información.

Elementos de impresión
- ✔ Índice.
- ✔ Glosario.
- ✔ Índice alfabético o analítico.

Auxiliares gráficos
- ✔ Ilustraciones.
- ✔ Diagramas.
- ✔ Gráficas y tablas.
- ✔ Mapas.
- ✔ Líneas del tiempo.

Auxiliares organizativos
- ✔ Palabras en negritas o cursivas.
- ✔ Títulos.
- ✔ Encabezados y subtítulos.
- ✔ Barras laterales.

PREGUNTAS DE COMPRENSIÓN DE TEXTOS INFORMATIVOS

Ideas clave y detalles
- ¿Qué evidencia puedes encontrar que demuestre ___?
- ¿Cuál es la idea principal? ¿Qué detalles proporcionan más información sobre la idea principal?
- ¿Qué piensas que el autor quiere que los lectores sepan?
- ¿Cuáles son los sucesos/ideas/pasos que son más importantes recordar? ¿Por qué?
- ¿Cómo es que ___ lleva a ___?
- ¿Cuál es la causa de ___? ¿Qué efecto tiene?

Escritura y estructura
- ¿Qué significa esta palabra? ¿Cómo desentrañaste el significado?
- ¿Cuál es la estructura del texto (comparación y contraste, causa y efecto, etc.)?
- ¿De qué otra manera podría el autor haber organizado la información?
- ¿Por qué el autor escribió esto?
- ¿Estás de acuerdo con el autor? ¿Por qué sí o por qué no?

Integración de ideas y conocimientos
- ¿Qué muestra esta ilustración o diagrama? ¿Lo puedes explicar?
- ¿Qué afirma el autor? ¿Qué evidencias respaldan esa afirmación?
- ¿En qué se parece este texto a otros que hayas leído?

LA ESCRITURA: DEMOSTRANDO LA COMPRENSIÓN

Con frecuencia, a los niños se les pide que escriban sobre lo que leyeron. También escriben para hablar de sus propias ideas. Cuando los niños escriben, demuestran su comprensión del texto, su vocabulario y más. Muestran que han internalizado lo que aprendieron y que lo hicieron propio.

Los estudiantes de cuarto grado escriben con claridad y estructura. Usan palabras transitivas como *because* y *however*. Sus oraciones son más largas y contienen más significados. Usan la ortografía de manera precisa. La puntuación es usada de manera adecuada. Hay concordancia entre el sujeto y el predicado.

CUANDO ESCRIBIR SE VUELVE DIFÍCIL

- En la computadora, use una función de texto a voz. Luego, pida a su hijo que copie a mano en una hoja de papel.

- Use un mapa conceptual. Escriba el tema en un recuadro en la parte superior de una hoja de papel. Debajo, dibuje tres recuadros más pequeños. Escriba o dibuje un pasaje o ejemplo en cada uno de los recuadros pequeños. Use el mapa para ayudarlo a escribir un párrafo.

- Pida a su hijo que le diga qué escribir. Ayúdelo a formar las oraciones. Cuando acabe, su hijo puede copiar lo que usted escribió.

- Cuando su hijo comience a escribir, programe un temporizador por diez minutos. Cuando suene la alarma, tome un descanso de diez minutos. Continúe haciendo lo mismo hasta que el proceso de escritura esté concluido.

ACTIVIDADES PARA FORTALECER LAS HABILIDADES DE ESCRITURA

PALABRAS VIVAS

Good, big, nice. Algunas palabras son genéricas y no hacen que la escritura sea atractiva. En una libreta, escribe una palabra genérica en la parte superior de la página. Debajo, escribe palabras más descriptivas que puedan reemplazarlas. Conforme encuentres más palabras para dar más «vida» a tu escritura, agrégalas a tu libreta. Usa estos ejemplos:

good: *excellent, delightful, amazing*

big: *huge, gigantic, enormous*

nice: *kind, thoughtful, gracious*

FUSIÓN DE ORACIONES

Anime a su hijo a escribir oraciones más largas y complejas al fusionar dos oraciones cortas. Conviértalo en un juego. Dé a usted y a su hijo pares de oraciones cortas para fusionar en una oración larga. ¿A cada oración se le podría agregar aún más información? Use estos ejemplos:

The corn was tasty.

The beans were tasty.

The corn and beans were tasty.

It was a nice day.

We had a picnic.

It was a nice day, so we had a picnic.

MANTÉN UN DIARIO

Anime a su hijo a que tenga un diario. Podría hacer anotaciones diarias, preguntas, dibujos, ideas y listas. Ocasionalmente, dele ideas para las anotaciones. Por ejemplo, diga: «Escribe acerca de lo que te gustaría hacer este verano» o «Escribe algo sobre lo que tengas dudas».

LISTA DE EDICIÓN

Lee en voz alta. ¿Tiene sentido lo que dices?

✔ ¿Faltan algunas palabras?

✔ ¿Todos los sujetos concuerdan con sus predicados?

✔ ¿La puntuación de cada oración es correcta?

✔ ¿Las oraciones y nombres propios están escritos con mayúscula inicial?

✔ ¿Todas las palabras están escritas correctamente?

LA ESCRITURA:
HACERLO CON UN OBJETIVO

Los estudiantes de cuarto grado escriben por una variedad de razones. Escriben para dar información, expresar opiniones y contar historias. Pueden escribir ensayos con diversos párrafos que se refieran a fuentes de información y que usen razonamientos, hechos y detalles para fortalecer sus posturas. Los organizadores gráficos ayudan a los estudiantes que escriben a estructurar sus pensamientos.

Los estudiantes de cuarto grado pueden escribir ensayos bien desarrollados con una introducción que contenga la idea principal, párrafos que proporcionen argumentos, ejemplos y razones para respaldar la idea principal y un párrafo de conclusión que vuelva a exponer la idea principal. Pueden hacer uso de lineamientos para evaluar su escritura y entender lo que necesitan mejorar.

TIPOS DE ESCRITURA

Escritura narrativa: Cuenta una historia.

Escritura informativa: Proporciona información.

Escritura de opinión: Expresa una opinión.

LINEAMIENTOS PARA EVALUAR LA ESCRITURA INFORMATIVA O DE OPINIÓN

Ayude a su hijo a usar lineamientos para entender lo que se espera de su escritura. Lea y revise estos lineamientos sencillos con su hijo.

	4 ★★★★★	3 ★★★	2 ★★	1 ★
Idea principal	La idea principal es expresada de manera clara.	La idea principal es clara en su mayor parte.	La idea principal es relativamente clara.	La idea principal no es clara.
Organización	El ensayo está bien organizado.	El ensayo está mayormente bien organizado.	El ensayo está relativamente bien organizado.	El ensayo está desorganizado.
Evidencia	Al menos hay tres evidencias que respaldan la idea principal.	Al menos hay dos evidencias que respaldan la idea principal.	Al menos hay una evidencia que respalda la idea principal.	No hay evidencia que respalde la idea principal.
Uso	La gramática, ortografía y puntuación son correctas en al menos 90% del texto.	La gramática, ortografía y puntuación son correctas en al menos 75% del texto.	La gramática, ortografía y puntuación son correctas en al menos 50% del texto.	La gramática, ortografía y puntuación son correctas en menos del 50% del texto.

ACTIVIDADES PARA FORTALECER LAS HABILIDADES DE ESCRITURA

DETALLES, POR FAVOR

Escoja un libro de no ficción. Escriba el tema del libro en el centro de una página de papel y enciérrela en un círculo. Mientras su hijo lee, anote detalles dentro de más círculos alrededor del círculo central. Trace una línea para conectar cada detalle con el tema. Una vez que haya al menos cuatro detalles, ayude a su hijo a escribir un párrafo sencillo sobre el tema.

HISTORIAS FAMILIARES

Anime a su hijo a aprender acerca de la historia de su familia hablando con usted y otros familiares sobre anécdotas y sucesos del pasado. ¿Qué deporte jugaba su abuelo cuando era joven? ¿Qué le pasó a la tía Rosita en una acampada? Su hijo puede escuchar muchas historias y escoger su favorita para luego escribirla e ilustrarla. Compartan la historia escrita con los miembros de la familia.

PLANIFICACIÓN DE UN ENSAYO INFORMATIVO

Ayude a su hijo a llenar un organizador como el que se muestra aquí, para que organice sus ideas para escribir un ensayo desarrollado correctamente que proporcione información.

Paragraph 1:
Introduction with Main Idea _____

Paragraphs 2 to 4:
Topic/Main Idea Sentence _____
Supporting Detail #1 _____
Supporting Detail #2 _____
Supporting Detail #3 _____
Closing Sentence _____

Paragraph 5:
Conclusion _____

PLANIFICACIÓN DE UN ENSAYO DE OPINIÓN

Ayude a su hijo a completar un organizador como el que se muestra aquí para que organice sus ideas para escribir un ensayo desarrollado correctamente que exponga una opinión o argumento convincente.

Topic: _____

Introduction with My Opinion: _____

Reason #1 with Supporting Evidence: _____

Reason #2 with Supporting Evidence: _____

Reason #3 with Supporting Evidence: _____

Conclusion with Restatement of My Opinion: _____

HABILIDADES PARA ESTUDIAR:
LA ORGANIZACIÓN Y LA PLANIFICACIÓN

Los estudiantes de cuarto grado comienzan a destinar más tiempo para hacer su tarea. Eso significa que su hijo debe destinar tiempo para hacerla en días que probablemente estén llenos de actividades para usted y para él. En los últimos grados de la educación primaria, muchos estudiantes tienen que compaginar el trabajo escolar, los deportes y las actividades extracurriculares, el tiempo de recreación, los deberes de casa y el tiempo con la familia. Necesitan aprender estrategias para balancear de manera sana todas estas actividades.

Usted puede ayudarlo estableciendo horarios y organizando materiales en conjunto con él. Descubra qué es lo que funciona mejor para su hijo. Algunos estudiantes necesitan pausas frecuentes. Muchos tienen éxito haciendo la tarea justo después de ir a la escuela, cuando sus niveles de energía aún son altos. Todos los estudiantes necesitan de un buen espacio para el estudio y contar con útiles escolares a la mano. Cualquiera que sea la decisión que tomen, la consistencia es clave. Su hijo aprenderá rápidamente lo que se espera de él cuando los horarios para hacer la tarea y demás actividades son los mismos día a día.

ORGANIZACIÓN DE LA MOCHILA

Una mochila organizada ahorra tiempo y ayudará a su hijo a estar mejor preparado. Destine un poco de tiempo cada semana para limpiarla y reorganizarla con su hijo.

1. Comiencen con una mochila limpia y vacía.

2. Coloquen los útiles escolares sueltos en contenedores.

3. Destinen un lugar para cada cosa y asegúrense de que todo sea colocado en su sitio.

4. Hagan una carpeta llamada «De la escuela a la casa» para poner las circulares informativas y trabajos y exámenes calificados. Pida a su hijo que coloque el contenido de esta carpeta en un contenedor especial en casa y que regrese de inmediato a la mochila la carpeta vacía.

5. Hagan una carpeta para las tareas que sea diferente de la carpeta «De la escuela a la casa».

6. Hagan uso de la agenda u organizador que les proporcione o recomiende la escuela de su hijo.

7. Pida libros de texto extra para tenerlos en casa, en caso de que las versiones en línea no estén disponibles.

¿CUÁNTO TIEMPO?

El profesor de su hijo podrá decirle cuánto tiempo se espera que los estudiantes destinen cada día a hacer la tarea. Regularmente, a los estudiantes se les asignan entre 10 y 15 minutos de tarea por grado escolar. Eso significa que un estudiante de cuarto grado puede esperar destinar a la tarea entre 40 a 60 minutos por día.

ACTIVIDADES PARA FORTALECER LAS HABILIDADES PARA ESTUDIAR

UN LUGAR PARA ESTUDIAR

Contar con un lugar para estudiar es importante para tener éxito en la escuela. Deberá ser un auxiliar de su hijo para lograr el mejor aprendizaje. Algunos estudiantes necesitan una silla con respaldo, pero otros trabajan mejor estando de pie. A algunos niños les gusta usar un escritorio o mesa. Otros tienen más éxito trabajando sobre el suelo. Su hijo podría necesitar tranquilidad absoluta o podría ayudarle escuchar música. Todos los espacios para estudiar deben contar con útiles escolares a la mano, como lápices afilados y papel.

ESTABLEZCAN RUTINAS

La rutina ayuda a su hijo a poner en práctica buenos hábitos. Las listas de verificación que su hijo y usted elaboren pueden servir de recordatorios útiles. Cuélguelas en la casa, en áreas fáciles de visualizar. Use estos ejemplos como guía:

Rutina escolar matutina
- ✔ Vístete.
- ✔ Tiende la cama.
- ✔ Lávate la cara.
- ✔ Desayuna.
- ✔ Lávate los dientes.
- ✔ Revisa tu mochila para asegurarte de que tiene todo lo que necesitas para el día.

Rutina para después de la escuela
- ✔ Vacía tu carpeta «De la escuela a la casa».
- ✔ Come un bocadillo.
- ✔ Haz tu tarea.
- ✔ Pon la mesa para la cena.
- ✔ Lee por 30 minutos.
- ✔ Practica las tablas de multiplicación.

HABILIDADES PARA ESTUDIAR:
TOMAR NOTAS

Anotar información importante da a los niños la oportunidad de convertirse en aprendices activos. Tomar notas promueve la concentración y la comprensión. Cuando los niños deciden qué información es más importante anotar están procesando y aprendiendo lo que se les enseña. Cuando los niños usan un lápiz para tomar notas, el cerebro almacena la información en su memoria.

Cuando comienzan a tomar notas, los niños copian palabra por palabra lo que está escrito en el libro o lo que dice el profesor. Condensar, resumir y poner ideas en sus propias palabras son habilidades que requieren de práctica y estimulación. Hay diversas maneras de tomar notas. Dar a su hijo diversas estrategias para tomar notas le permitirá encontrar la que le funcione mejor para lo que está aprendiendo.

NOTAS A DOS COLUMNAS

Uno de los métodos más simples para tomar notas es hacer un gráfico con dos columnas en una hoja de papel. Titule el lado izquierdo como *Topic* (tema). Titule el derecho como *Details* (detalles). Cuando su hijo lea libros y artículos de no ficción, pídale que descubra cuál es el tema principal de cada párrafo o sección y que lo escriba en la columna izquierda. Luego, en la derecha, podrá anotar dos o tres detalles del párrafo o sección.

Otra manera de hacer uso de esta estrategia es titular la primera columna como *My Questions* (mis preguntas) y la segunda como *Answers* (respuestas). Su hijo podrá hacer preguntas antes y durante la lectura, y podrá escribir las respuestas conforme las vaya descubriendo en el texto.

MEASURING TOOLS

Topic	Details
Ruler	12 inches 1 foot Use for: book, pencil, drawer
Yard Stick	36 inches 3 feet Use for: table, my dog
Measuring tape	60 inches 5 feet Use for: your height, a car

ACTIVIDADES PARA FORTALECER LAS HABILIDADES PARA ESTUDIAR

REVISIÓN Y CORRECCIÓN

Estudiar a partir de notas incorrectas lleva a la confusión y desilusión. Si su hijo está estudiando a partir de sus propias notas, tómese un minuto para leerlas y asegurarse de que no contienen errores evidentes. Anime a su hijo para que le demuestre lo que sabe explicándoles las notas a usted.

NOTAS ORGANIZADAS

Llenar un organizador gráfico puede ser una estratega excelente para ayudar a su hijo a pensar sobre lo que lee. Use este ejemplo:

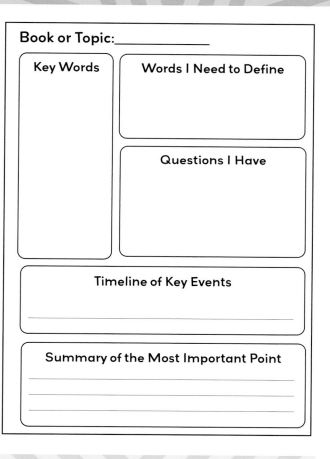

REDES DE CONOCIMIENTO

Hacer una red o un mapa conceptual es otra buena manera de tomar notas. Escribe el tema principal dentro de un círculo. Únelo a otras formas geométricas que contengan subtemas e ideas principales. Por último, agrega formas geométricas para los argumentos de respaldo y ejemplos.

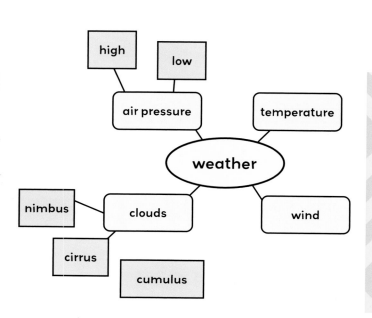

QUÉ HACER CUANDO SU HIJO
ENFRENTA DIFICULTADES

Como padre de familia, es frustrante que su hijo enfrente dificultades. Cuando sucede, es importante que busque ayuda. Comience por el profesor titular de su hijo, quien podría darle una atención más personalizada e indicarle estrategias para llevar a cabo en casa. También puede ponerse en contacto con un especialista de lectura o un maestro de educación especial en su escuela o distrito escolar. Tutores, profesionales de la educación privados y clínicas de lectura son otras opciones para ayudar a su hijo.

Si su hijo continúa experimentando dificultades, pida a la escuela una reunión en la que se incluya al profesor titular, al orientador de lectura o lingüística, al psicólogo escolar, al consejero escolar y al profesor de educación especial. Será una oportunidad para que todos sean honestos y abiertos de una manera solidaria. El propósito de dicha reunión sería reunir información para decidir cómo proceder. Algunos resultados posibles serían la aplicación de una evaluación formal para el ingreso a educación especial, creación de un Plan 504 o un Plan de Educación Individualizada (Individualized Education Plan, IEP), clases intensivas por parte del profesor titular o consultas con un pediatra para un posible diagnóstico médico.

PREGUNTAS PARA LA DISCUSIÓN EN GRUPO

- ¿El niño muestra problemas de atención en la escuela? ¿En casa?
- ¿Una asistencia baja está causándole un impacto?
- ¿Cuándo fue la última vez que la vista y el oído del niño fueron evaluados?
- ¿El niño enfrentó dificultades con la lectura en grados escolares anteriores?
- ¿Qué estrategias y apoyos han sido aplicados? ¿Tuvieron éxito?
- ¿El niño tiene alguna condición médica que podría causar un impacto en el aprendizaje?

CÓMO AYUDAR EN CASA

Si las capacidades de lectura de su hijo se encuentran por debajo de su grado escolar, le convendrá contar con el apoyo de su profesor titular y de otros expertos. Sin embargo, usted tiene un rol importante que jugar. Animar a su hijo puede hacer una gran diferencia en lo que se refiere a sus actitudes sobre la lectura, la motivación para leer y un crecimiento firme como lector. Pruebe estos consejos:

1. PONGA ATENCIÓN A LAS CAUSAS DE LAS DIFICULTADES

No todos los problemas con la lectura son iguales. Usted está en una posición única para notar cuándo y por qué es que su hijo enfrenta dificultades. Lea con su hijo y ponga atención a aquello en lo que enfrenta dificultades. Así, estará en posibilidades de hacer un plan para buscar ayuda. Algunas razones para preocuparse son la evasión de la lectura, una lectura en voz alta lenta o dificultosa y tener dificultades para leer libros muy por debajo de su nivel. Comparta con los profesores de su hijo sus observaciones y preocupaciones específicas.

2. SIGAN LEYENDO

Haga de la lectura diaria una parte divertida de la rutina en casa. Asegúrese de que su hijo cuente con un acceso fácil a una variedad de materiales de lectura. Deje que su hijo vea que usted lee por gusto y para encontrar información. Hablen sobre lo que usted está leyendo y anímelo a hablar sobre lo que él lee. Esto los llevará a tener conversaciones estimulantes que ayuden a su hijo a incrementar su vocabulario y fortalecer sus habilidades lingüísticas.

3. ENCUENTRE LOS LIBROS ADECUADOS

Deje que su hijo escoja libros que le interesen. Busque libros que se relacionen con sus intereses. Leer libros que forman parte de series es una buena manera de fortalecer la comprensión de lectura ya que los niños se familiarizan con las diferentes aventuras de un mismo personaje. Las novelas gráficas y los libros por capítulos para principiantes pueden ayudar a su hijo a cruzar el puente entre los libros ilustrados y los libros de lectura en voz alta hacia la lectura casi independiente.

4. DIVIÉRTANSE

A veces, los niños reciben el mensaje de que la lectura es una obligación. Hágala divertida animando a su hijo a hacer dibujos y escribir historias sobre sus personajes favoritos, actuar las historias y turnarse leyendo en voz alta con usted o con un hermano. Al unirse a la diversión, su hijo fortalecerá adecuadamente sus habilidades y crecerá como lector.

GLOSARIO

alfabetización: El desarrollo de las habilidades para leer y escribir.

ciencia de la lectura: Un cuerpo de investigación que muestra los aspectos más importantes y efectivos de la educación para la lectura.

comprensión de lectura: La habilidad para entender e interpretar lo que se lee.

conciencia fonémica: La habilidad para identificar y manipular sonidos individuales en palabras habladas.

conciencia fonológica: La habilidad para identificar y manipular sílabas y otras partes de las palabras habladas.

decodificar: La habilidad para pronunciar las palabras escritas.

ELA: English language arts (Lengua y Literatura del Inglés).

ELL: English language learner (estudiante del idioma inglés).

ESE: Exceptional student education (educación para estudiantes excepcionales).

estándares: Oraciones simples que describen lo que los estudiantes deberían saber o saben como resultado de lo que están aprendiendo en la escuela.

fluidez: La habilidad para leer con rapidez, precisión y una expresión adecuada.

IEP: Individualized education plan (plan de educación individualizada). Un plan personalizado que describe las clases, apoyos y servicios de educación especializada que un niño necesita.

lectura activa: Cuando un lector piensa acerca del texto que lee y está concentrado e involucrado en él.

método fonético (phonics): El emparejamiento del inglés hablado con letras individuales o grupos de letras; la relación entre sonidos y letras.

nivel Lexile: Una medición científica de la complejidad y legibilidad de un texto.

palabra de alta frecuencia: Una palabra que suele aparecer en materiales escritos y que puede ser decodificada usando reglas comunes del método fonético (phonics).

palabra visual: Una palabra que aparece con frecuencia en materiales escritos y que puede ser difícil de decodificar usando las reglas comunes del método fonético (phonics).

Plan 504: Un plan que describe los ajustes que hará la escuela para acompañar la educación del alumno.

RTI: Response to intervention (respuesta a la intervención). Una estrategia educativa que busca identificar de manera temprana a los estudiantes que enfrentan dificultades y proporcionarles el apoyo que necesitan para tener éxito en la escuela.

sílaba: Una parte de una palabra que contiene el sonido de una vocal.

Tier 1 instruction (clases de nivel 1): Clases para todos los estudiantes del grupo basadas en los estándares de aprendizaje del grado que corresponda.

Tier 2 instruction (clases de nivel 2): Clases para grupos pequeños de estudiantes que demuestran dificultades menores en áreas específicas.

Tier 3 instruction (clases de nivel 3): Clases para grupos pequeños de estudiantes que requieren de ayuda y apoyo más intensivos.

vocabulario: El conocimiento de palabras y su significado.

INFORMACIÓN ADICIONAL (EN INGLÉS)

Para saber más acerca de la ciencia de la lectura:
https://teacherblog.evan-moor.com/2022/05/02/what-parents-need-to-know-about-the-science-of-reading/

Para saber más acerca de las conciencias fonológica y fonémica:
https://readingteacher.com/what-is-phonological-awareness-and-why-is-it-important/

Para saber más acerca del método fonético (phonics) y la decodificación:
https://www.twinkl.com/teaching-wiki/decoding

Para saber más acerca del desarrollo del vocabulario:
https://www.edutopia.org/article/6-quick-strategies-build-vocabulary/

Para saber más acerca la comprensión de lectura:
https://www.readnaturally.com/research/5-components-of-reading/comprehension

Para saber más acerca los IEP y los Planes 504:
https://www.understood.org/en/articles/the-difference-between-ieps-and-504-plans

Parte de la información contenida en este libro provino de los siguientes sitios web:

- Florida Center for Reading Research https://fcrr.org
- Home Reading Helper https://www.homereadinghelper.org
- International Dyslexia Association https://dyslexiaida.org
- North Carolina Department of Public Instruction https://www.dpi.nc.gov
- Reading Rockets https://www.readingrockets.org

Escrito por Madison Parker, M.Ed.
Diseño de Rhea Magaro-Wallace
Desarrollo de la serie de James Earley
Edición de Kim Thompson
Traducción al español de Base Tres

Photo credits: Shutterstock

Library of Congress PCN Data
Ayudando a mi hijo con la lectura: 4° grado / Madison Parker, M.Ed.
Una guía para el acompañamiento lector
ISBN 979-8-89042-937-7 (hardcover)
ISBN 979-8-89042-929-2 (paperback)
ISBN 979-8-89042-945-2 (eBook)
ISBN 979-8-89042-953-7 (ePUB)
Library of Congress Control Number: 2024933151
Printed in the United States/052024/PP20240503

Seahorse Publishing Company

www.seahorsepub.com

Published in the United States
Seahorse Publishing
PO Box 771325
Coral Springs, FL 33077

LECTURA

CONEXIONES DE SEAHORSE

AYUDANDO A MI HIJO

Una guía para el acompañamiento lector

3er GRADO

SEAHORSE
PUBLISHING

ÍNDICE

LA CIENCIA DE LA LECTURA

La lectura es una habilidad esencial para tener éxito en la escuela y en la vida. Para entender cómo los niños aprenden a leer, los padres de familia deben tener conocimientos de la ciencia de la lectura.

La *ciencia de la lectura* es un término que se refiere a más de 20 años de investigación realizada por expertos en la forma en la que la gente aprende a leer. La investigación muestra que la lectura no se desarrolla de manera natural. Para mucha gente, requiere de un gran esfuerzo. Aprender a leer es más efectivo cuando sucede a través de un proceso paso a paso basado en estrategias y técnicas respaldadas por investigaciones comprobadas.

Una buena enseñanza de lectura está compuesta de varias partes importantes. Ayuda a los estudiantes a desarrollar habilidades de conciencia fonológica, en el método fonético (phonics), fluidez, vocabulario y comprensión. Todas estas habilidades ayudan a los estudiantes a construir caminos en su cerebro que conectan las palabras con sus sonidos, escritura y significados. Al usar la ciencia de la lectura como una guía, padres de familia y maestros podrán ayudar a nuestros hijos en el proceso de aprendizaje de la lectura.

Esta guía está diseñada para que los padres de familia puedan ayudar a sus hijos en el proceso de aprendizaje de la lectura en inglés, aunque también puede servir de base para el acompañamiento lector en otros idiomas.

CLAVES PARA UNA ENSEÑANZA DE LECTURA EFECTIVA

Conciencia fonológica: La habilidad para reconocer, pensar y trabajar con los sonidos que conforman las palabras habladas.

El método fonético (phonics): La comprensión de la relación entre los sonidos y las letras que los representan por escrito.

Fluidez: La habilidad para leer rápido y de manera precisa.

Vocabulario: La comprensión de los significados de las palabras.

Comprensión: La obtención de significados a través de la lectura.

CREANDO LECTORES HÁBILES

Leer va más allá de pronunciar las palabras. Los lectores hábiles deben reconocer las palabras, así como entender sus significados en un nivel profundo. Entretejen las habilidades de memorización, fonéticas, de vocabulario, los conocimientos previos y más.

LA CUERDA DE LA LECTURA DE SCARBOROUGH

Decodificación

Conciencia fonológica

Reconocimiento visual

Reconocimiento de las palabras

Conocimiento del vocabulario

Conocimientos previos

Estructuras del lenguaje

Conocimiento literario

Razonamiento verbal

Comprensión lingüística

Lectura hábil

Para mostrar cómo los niños hacen uso de una variedad de habilidades para convertirse en lectores hábiles, la Dra. Hollis Scarborough creó la Cuerda de la Lectura. En 2001, este modelo fue publicado en el *Handbook of Early Literacy Research* (Manual de investigación sobre alfabetización temprana), de Neuman/Dickinson.

LAS CONCIENCIAS FONOLÓGICA Y FONÉMICA

ESCUCHANDO LOS SONIDOS DE LAS PALABRAS

Las conciencias fonológica y fonémica son habilidades de prelectura importantes. Describen la habilidad de un niño para escuchar, identificar y jugar con los sonidos en el lenguaje hablado. Estas habilidades forman un fundamento esencial para el desarrollo de la lectura y la escritura en el segundo grado y más allá.

Los niños demuestran poseer una conciencia fonológica cuando reconocen y manipulan, o modifican, partes de las palabras escritas. La conciencia fonémica es la última habilidad de conciencia fonológica en desarrollarse. Los niños que dominan la conciencia fonémica pueden oír, reconocer y jugar con los sonidos individuales, o fonemas, de las palabras habladas.

ESCALONES EN LA CONCIENCIA FONOLÓGICA EN INGLÉS

3 a 4 años	Enuncia palabras que riman, reales e imaginarias.
4 a 5 años	Aplaude o da golpecitos al pronunciar las sílabas de las palabras. Reconoce palabras que inician con el mismo sonido. Segmenta o separa los sonidos de las palabras de tres sonidos. Fusiona o combina sonidos individuales para crear palabras con tres sonidos. Cuenta el número de sonidos en palabras de tres sonidos.
5 a 6 años	Segmenta o separa cada sonido en palabras con cuatro sonidos. Identifica el primero y el último sonido de cada palabra. Agrupa palabras con el mismo sonido inicial. Identifica qué palabras no riman en grupos de tres palabras. Identifica qué palabra no es igual en grupos de tres palabras.
6 a 7 años	Omite sílabas en las palabras cuando se le pide que lo haga. Omite sonidos en las palabras cuando se le pide que lo haga. Sustituye sílabas en las palabras cuando se le pide que lo haga. Sustituye sonidos en las palabras cuando se le pide que lo haga.
7 a 8 años	Utiliza sus habilidades de conciencia fonológica para deletrear palabras.

ACTIVIDADES PARA LA CONSTRUCCIÓN DE LA CONCIENCIA FONOLÓGICA

A LA CAZA DE LAS SÍLABAS

Busque en casa objetos cuyos nombres tengan más de una sílaba. Diga en voz alta la palabra y levante un dedo por cada una de sus partes. Por ejemplo, diga «bed-room» para *bedroom*, y «ma-ca-ro-ni» para *macaroni*.

CÁMBIALA

Piense en una palabra de una sola sílaba. Pida a su hijo que, en la palabra, cambie el sonido inicial, el de en medio o el final para crear una palabra nueva. Use el ejemplo siguiente, leyendo las letras entre diagonales como sonidos.

Padre de familia: Cambia el sonido /st/ en *stop* por /sh/. ¿Qué palabra es?

Hijo: *Shop.*

Padre de familia: ¡Bien hecho! Ahora, cambia el sonido /ō/ en *float* por /ă/. ¿Qué palabra es?

Hijo: *Flat.*

Padre de familia: Bien pensado. Intenta cambiar el sonido /nk/ en *sink* por /ng/. ¿Qué palabra es?

Hijo: *Sing.*

Padre de familia: ¡Excelente! ¡Lo lograste!

JUEGO DE PALABRAS MÁGICAS

El adulto dice una palabra. El niño cambia el sonido del principio, la mitad o el final para crear una palabra distinta y decir qué fue lo que cambió. El adulto cambia el sonido del principio, la mitad o el final de la palabra dicha por el niño para crear una palabra distinta y decir lo que cambió. Sigan así alternándose. ¿Hasta dónde pueden llegar? Use este ejemplo, leyendo las palabras entre diagonales como sonidos.

Padre de familia: *Mop.*

Niño: *Top.* Cambié /m/ por /t/.

Padre de familia: *Stop.* Cambié /t/ por /st/.

Niño: *Step.* Cambié /ŏ/ por /ĕ/.

Padre de familia: *Stem.* Cambié /p/ por /m/.

Niño: *Them.* Cambié /st/ por /th/.

Padre de familia: Hmm. No me viene a la mente otro cambio que pueda crear una palabra real. ¡Tú ganas!

EL MÉTODO FONÉTICO (PHONICS):

LAS LETRAS FORMAN SONIDOS

El método fonético (phonics) se refiere al conocimiento de que las letras y su combinación representan sonidos. Es una habilidad esencial para lectores principiantes. Los niños que tienen el privilegio de ser instruidos en el método fonético se convierten en mejores lectores y mejoran su ortografía.

Todas las palabras están hechas de sonidos. La palabra *dog* tiene tres sonidos. Cada letra representa un sonido. La palabra *light* tiene tres sonidos. Las letras *igh* representan un sonido. El idioma inglés tiene 44 sonidos para todas sus palabras. En cualquier caso, su alfabeto sólo tiene 26 letras. Algunas letras pueden tener más de un sonido. Otras letras se unen para crear sonidos diferentes. Es una especie de código que los lectores principiantes deben descubrir.

BENEFICIOS DEL MÉTODO FONÉTICO

- Mejora las habilidades de lectura.
- Habilidad para empatar más rápidamente letras con sonidos.
- Facilidad para pronunciar correctamente palabas desconocidas.
- El nivel de lectura se incrementa más rápido.

MÉTODO FONÉTICO 101

LA BREVEDAD ANTE TODO

Para evitar confundir a los lectores principiantes, no agregue el sonido de alguna vocal cuando pronuncie el sonido de una consonante. Por ejemplo, el sonido de la letra *t* es /t no /tuh/ (inglés) o /te/ (español).

ACTIVIDADES PARA LA CONSTRUCCIÓN DE HABILIDADES FONÉTICAS

LETRAS EN CREMA PARA AFEITAR

Coloque crema para afeitar en una bandeja de horno grande. Extiéndala de manera uniforme. Escoja una letra o grupo de letras que creen un solo sonido y pronuncie su sonido. Con un dedo, escriba la letra en la crema para afeitar y diga su nombre. Pronuncie el sonido que hace la letra mientras la subraya. ¡También lo puede hacer con crema para batir!

LAS CONSONANTES

Las letras consonantes son *b, c, d, f, g, h, j, k, l, m, n, p, q, r, s, t, v, w, x, y* (como en *you*) y *z*.

LAS VOCALES: ¿CORTAS O LARGAS?

En inglés, las letras vocales son *a, e, i, o, u* e *y* (como en *my* y en *baby*), y pueden ser cortas o largas (a diferencia del español, donde todas las vocales son cortas). Las vocales cortas se representan con un símbolo curvo, como una sonrisa, en la parte superior: /ă/. Las vocales largas se representan con una línea horizontal en la parte superior: /ā/.

LETRAS EN ARCOÍRIS

Dibuje una serie de arcos dejando un espacio entre cada uno. Escriba una letra o grupo de letras que formen un solo sonido debajo de todos los arcos. Luego, continúe en el arco inmediato superior. Use un marcador rojo o un crayón.

Siga estos pasos:

1. Pronuncie el sonido que hacen la letra o letras.

2. Escriba la letra o letras y diga su nombre mientras escribe.

3. Subraye la letra o grupo de letras y pronuncie su sonido.

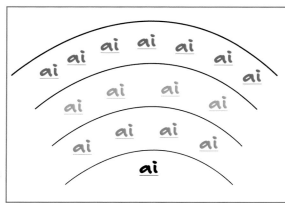

Repita hasta que el primer arco esté lleno. Luego, con un marcador naranja o crayón llene el segundo arco de la misma manera mientras nombra, escribe, deletrea, subraya y lee. Repita en los siguientes arcos usando colores distintos.

CLASIFICACIÓN DE SONIDOS

En fichas catalográficas distintas, escriba letras o grupos de letras que hagan un solo sonido. Clasifíquelas en grupos como «sonido de a larga», «sonido de e larga», «sonido de i larga», «sonido de o larga», «sonido de u larga» o «sonido especial de vocal». ¿Hay otras maneras de clasificar las fichas?

LA DECODIFICACIÓN:
LOS SONIDOS FORMAN PALABRAS

La decodificación es la habilidad para pronunciar las palabras escritas. Los niños usan sus conocimientos del código del método fonético (phonics) para entender las palabras. Un niño con habilidades de decodificación sólidas tendrá mejores habilidades de comprensión de lectura.

Cuando su hijo puede ver una palabra, entender el sonido que cada letra representa y mezclar los sonidos para decir la palabra en voz alta, está decodificando. Una vez que pueda decodificar las palabras de manera independiente, tendrá las herramientas necesarias para comenzar a leer de manera fluida y con comprensión.

PRONUNCIANDO PALABRAS

Segmentación: Se refiere a la separación de una palabra en sus sonidos individuales.
dog: /d/ /ŏ/ /g/   **sheep:** /sh/ /ē/ /p/

Combinación: Se refiere a la pronunciación de los sonidos de la palabra de manera continua, sin pausas. Pruebe estas técnicas para ayudar a su hijo con la combinación.

Combinación continua: Estire cada sonido antes de ir al siguiente, sin pausas. Puede deslizar su dedo sobre cada letra, de izquierda a derecha.
slip: sssssllllllllliiiiiiiip

Combinación final: Combine los primeros sonidos y luego agregue el sonido final.
slip: sli–p

Combinación aislada: Pronuncie el primer sonido con más fuerza y luego los siguientes sonidos de manera más suave. El último sonido deberá ser el más suave.
slip: S l i p

ACTIVIDADES PARA CONSTRUIR HABILIDADES DE DECODIFICACIÓN

RESÁLTELA
Use dos colores distintos para resaltar las consonantes y las vocales en una lista de palabras.

green   **think**

MÁRQUELA
En una lista de palabras, marque las vocales con una *v* y las consonantes con una *c*. Subraye las letras que vayan juntas (equipos de vocales, mezclas de consonantes, equipos de consonantes, etc.).

gr ee n   th i nk
c c v v c   c c v c c

ENMÁRQUELAS
En una lista de palabras, dibuje cuadros alrededor de las letras que vayan juntas.

gr ee n   th i nk

LAS PALABRAS VISUALES Y LAS PALABRAS DE ALTA FRECUENCIA: CONSTRUYENDO EL ÉXITO

Conocer las palabras visuales y las de alta frecuencia es auxiliar en la construcción de fundamentos sólidos para los lectores principiantes. Ambos tipos de palabras son usadas con frecuencia en la lectura y la escritura. Una palabra visual es una palabra que no sigue las reglas comunes del método fonético (phonics) y la ortografía. No es decodificable o es muy difícil de decodificar. Las palabras de alta frecuencia son palabras decodificables que los estudiantes deben conocer para convertirse en lectores hábiles. Sin embargo, las reglas del método fonético necesarias para decodificarlas podrían no haberles sido enseñadas aún.

La palabra *like* es una palabra de alta frecuencia. Puede ser decodificada usando la regla de la «*e* mágica» o la «*e* mandona». A los niños que apenas están aprendiendo a leer palabras como *cat* y *sit* aún no se les ha enseñado esta regla. Sin embargo, dado que *like* es usada en muchos cuentos sencillos, con frecuencia es introducida como una palabra de alta frecuencia.

La palabra *have* es una palabra visual. Aparece con frecuencia, pero no sigue la regla de la «*e* mágica» o la «*e* mandona». Por lo tanto, esta palabra debe ser aprendida de memoria, o identificada visualmente.

SOLTÁNDOSE

¿Qué hacer cuando su hijo se atora leyendo una palabra o cuando decodifica una palabra de manera equivocada? Dele tiempo para que se dé cuenta. Con suavidad, ayude con estas estrategias:

- Deletree la palabra.
- Pregúntele: «¿Ves algunas letras que vayan juntas?».
- Pregúntele: «¿Ves algunas palabras más cortas dentro de la palabra completa?».
- Diga: «Vamos a pronunciar cada una de sus partes».

PEQUEÑO PERO PODEROSO

Sólo 13 palabras componen el 25 por ciento de todas las palabras en inglés en el mundo impreso.

a	of
and	that
for	the
he	to
in	was
is	you
it	

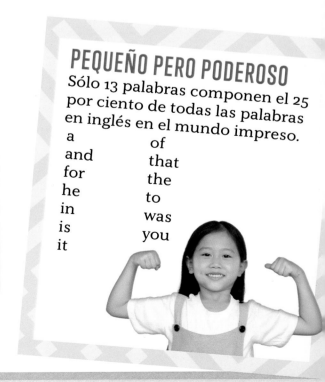

ACTIVIDADES PARA APRENDER PALABRAS VISUALES Y PALABRAS DE ALTA FRECUENCIA

¡MANOTAZO!

Escoja cinco palabras nuevas. Escriba cada una en una nota adhesiva. Coloque las notas en la casa. Cuando su hijo encuentre una palabra, pida que la lea y luego le dé un manotazo a la nota.

PALABRAS COLORIDAS

Escriba una palabra a la mitad de una hoja de papel. Pida a su hijo que escoja un marcador de color o lápiz. Lea la palabra. Pida a su hijo que escriba la palabra con un color, diciendo en voz alta el nombre de cada letra mientras la escribe. Subraye la palabra de izquierda a derecha mientras lee la palabra. Luego, escoja otro color y repita. Continúe escogiendo colores hasta llenar la página.

Señálela

Escriba palabras en una ficha catalográfica. Pida a su hijo que lea en voz alta cada palabra. Pida a su hijo que use el dedo índice para señalar cada letra mientras dice su nombre. Luego, con un dedo, subraye la palabra de izquierda a derecha mientras lee la palabra. Repita con la siguiente ficha.

HABILIDADES DE DESCIFRAMIENTO:
LAS PALABRAS TIENEN PARTES

Los lectores hábiles pueden ver palabras desconocidas y separarlas en partes más pequeñas. Esto los ayuda a descifrar las palabras y entender cómo leerlas y qué significan. Cuando los lectores hacen esta separación, en ocasiones están viendo las letras de cada palabra. A veces, notan las sílabas que conforman la palabra. Otras veces, ponen atención a los prefijos, sufijos y otras partes de la palabra. Regularmente, los lectores hábiles llevan a cabo las tres. Saber cómo separar las partes de las palabras es importante para crecer como lector y desarrollar la fluidez. Los estudiantes de tercer grado se encuentran en la escuela con palabras cada vez más largas. Es esencial que cuenten con buenas habilidades de desciframiento.

TIPOS DE SÍLABAS

CERRADAS	ABIERTAS	E MÁGICA	EQUIPO DE VOCALES	R CONTROLADA	CONSONANTE + LE
hat <u>rab</u>-<u>bit</u>	me <u>ba</u>-<u>by</u>	time rep-<u>tile</u>	coat rac-<u>coon</u>	farm <u>mar</u>-ket	cas-<u>tle</u> ap-<u>ple</u>
La consonante está después de la vocal.	La vocal está al final de cada sílaba.	Contiene el patrón de la vocal-consonante-e muda.	Contiene dos o más vocales juntas.	La vocal es seguida de la letra r.	Contiene una consonante y *le* al final de una palabra.
Sonido de vocal corta.	Sonido de vocal larga.	Sonido de vocal larga.	Sonido largo, corto o especial.	/ar/, /or/, /ur/	Sonido de la consonante + /l/.

CÓMO SEPARAR UNA PALABRA

Palabra compuesta: ¿Está hecha de dos palabras más pequeñas? Dibuje una línea entre ellas.

Sufijo (la parte final): ¿Termina en *-ed, -ing, -ful, -tion*, etc? Dibuje una línea antes del sufijo.

Prefijo (la parte inicial): ¿Comienza con *pre-, un-, dis-*, etc? Dibuje una línea después del prefijo.

Letras dobles: ¿Las consonantes dobles están entre dos vocales? Dibuje una línea entre las dos consonantes.

V-C-C-V: ¿Hay dos consonantes (que juntas no producen un solo sonido) entre dos vocales? Dibuje una línea entre las dos consonantes.

V-C-V: ¿Hay una consonante entre dos vocales? ¿O un equipo de consonantes entre dos vocales?

-Dibuje una línea después de la primera vocal. Eso hace que la primera sílaba sea abierta y la vocal larga. ¿Eso forma una palabra? Si no, trate la primera vocal como si fuera una e corta. ¿Eso forma una palabra?

-Dibuje una línea después de la consonante o grupo de consonantes. Eso hace que la primera sílaba sea cerrada y la vocal corta. ¿Eso forma una palabra?

ACTIVIDADES PARA FORTALECER LAS HABILIDADES DE DESCIFRAMIENTO

RETO

Consiga una lista con palabras de dos, tres y cuatro sílabas. Use un cronómetro para descubrir quién es más rápido usando sus habilidades de silabización, separación y del método fonético para leer las palabras.

HAZ LA PALABRA

Consiga una lista de palabras de dos sílabas. Escriba cada sílaba en una ficha catalográfica diferente. Cada palabra tendrá una ficha para la primera sílaba y otra para la segunda. Coloque las fichas boca abajo y revuélvalas. El primer jugador levantará dos fichas. Si forman una palabra, el jugador se quedará con las fichas y levantará otras dos. Si las fichas no forman una palabra, el jugador las colocará de nuevo boca abajo en su lugar y el siguiente jugador intentará encontrar dos que formen una palabra. Continúen así hasta que todas las fichas estén emparejadas. Ganará el jugador que tenga el mayor número de palabras.

CACERÍA DE SÍLABAS

Escoge un tipo de sílaba (por ejemplo, sílabas cerradas) o una estrategia para separar las partes de una palabra (por ejemplo, dividir consonantes dobles). Busca en libros palabras que tengan ese tipo de sílaba o que puedan funcionar con esa estrategia de separación de palabras. Haz una lista con ellas. ¿Cuántas pudiste encontrar?

VIDEOMAESTRO

Con su hijo, grabe un video corto en el que se enseñe a otros a usar las reglas silábicas para separar palabras largas en partes. Con la aprobación de su hijo, muéstrela a su maestro.

LA FLUIDEZ:
LEYENDO CON FACILIDAD

La fluidez es la habilidad para leer con una velocidad y expresividad razonables. Alguien que lee con fluidez no necesita detenerse a decodificar cada palabra. Se pueden enfocar en lo que la historia o el texto significan. La fluidez es el puente entre la decodificación de palabras y su comprensión.

Su hijo que estudia el tercer grado lee con facilidad. Cuando lee en voz alta, su tono y expresión cambian para reflejar el significado del texto y responder a lo que sucede en la historia. La mayoría de los estudiantes de tercer grado comienzan el año escolar leyendo alrededor de 80 a 90 palabras por minuto. La meta es que lean 120 palabras por minuto al finalizar el grado. La mejor manera de incrementar la velocidad es a través de la práctica continua.

GRÁBELO

Después de que su hijo practique la lectura de un libro, haga un audio o video de su lectura en voz alta. Escúchenlo o véanlo juntos y hablen sobre lo que salió bien y lo que se debe mejorar. Si su hijo así lo desea, grábelo de nuevo.

CÓMO ENCONTRAR LOS LIBROS ADECUADOS

ACTIVIDADES PARA CONSTRUIR UNA LECTURA FLUIDA

RETO DEL LIBRO DE LA SEMANA

Escoja un libro que tenga alrededor de 75 a 100 palabras. Está bien que las palabras o las oraciones se repitan. El domingo, lean el libro juntos al menos una vez. Use un cronómetro mientras su hijo lee en voz alta. Anote el tiempo que le toma a su hijo leer. Anote también si su hijo necesitó ayuda. Lean el mismo libro el lunes. De nuevo, tome el tiempo a su hijo y anote si necesitó ayuda. Continúe con el mismo procedimiento cada día por una semana. Al final, muestre a su hijo las evidencias de cómo lee cada vez con más fluidez.

MONITOREE EL PROGRESO

Seleccione una narración de una página o una página de un libro por capítulos. Haga uso de los lineamientos que están abajo, en la sección «El libro perfecto», para asegurarse de que el nivel de lectura es el adecuado para su hijo. Elabore un gráfico de monitoreo de la fluidez como el que aparece a la derecha. Anote el título de la selección de lectura. Programe un temporizador a 60 segundos. Pida a su hijo que comience a leer. Recuérdele que debe enfocarse en leer con la expresividad adecuada, no sólo en la velocidad. Cuando suene la alarma, haga una marca en el gráfico de monitoreo. En la parte inferior de una columna, anote la fecha y el número de palabras leídas correctamente en un minuto. Ilumine la columna de manera que registre cuántas palabras fueron leídas. Use un color diferente para cada día de práctica.

Nombre: _Mateo_   **Título** _The BFG, page 20_

Monitoreo de lectura

Fecha/PPM	130	120	110	100	90	80	70	60	50	40	30	20	10

Fecha/PPM	1/17 50	1/19 65					

DEMASIADO SENCILLO

- Conoces todas las palabras.
- Puedes contar la historia con tus palabras fácilmente.
- Ya leíste el libro muchas veces.
- Lo lees demasiado rápido.

¿Esto describe a tu libro? Intenta con uno más difícil.

EL LIBRO PERFECTO

- Conoces la mayoría de las palabras.
- Entiendes lo que estás leyendo y lo puedes contar con tus propias palabras.
- Lees a una velocidad constante.

¿Esto describe a tu libro? Este libro es perfecto para ti.

DEMASIADO DIFÍCIL

- Hay muchas palabras difíciles.
- Olvidas información importante conforme lees.
- Estás leyendo muy lento.

¿Esto describe a tu libro? Intenta con uno más fácil.

EL VOCABULARIO:
LAS PALABRAS TIENEN SIGNIFICADOS

El vocabulario juega un papel crítico en el proceso de aprendizaje de la lectura. Los lectores jóvenes usan sus conocimientos sobre las palabras para dar sentido a lo que leen. Para entender lo que lee, un niño debe saber lo que significan las palabras. Los niños necesitan un amplio «banco de palabras» para echar mano de él mientras leen. Mientras mayor sea el vocabulario de un niño, tendrá mayor habilidad para comprender lo que lee o escucha.

Conforme encuentra nuevas palabras, el niño las relaciona con palabras que ya conoce y las agrega a su creciente vocabulario. Algunas palabras son aprendidas de manera natural. Otras deben ser enseñadas. Los niños aprenden nuevas palabras a través de conversaciones diarias y experiencias que les enseñan sobre el mundo. Leer libros a su hijo también lo ayuda a tener un vocabulario amplio.

¡HAZ UN MAPA!

Crea un mapa conceptual. Escribe una palabra de vocabulario en el centro de una hoja de papel. Luego, divide la hoja en cuatro secciones. En la primera caja, escribe una definición sencilla. En la segunda caja, escribe ejemplos de palabras que signifiquen lo mismo que la palabra de vocabulario. En la tercera caja, haz conexiones con tu vida o con algo que sepas. En la cuarta caja, agrega una imagen que represente la palabra.

Definition	Examples/Synonyms
to get the same kinds of things and keep them	gather save
Connection	Picture
I collect stuffies.	

collect

TIPOS DE VOCABULARIO

Vocabulario auditivo: Las palabras que escuchamos.

Vocabulario oral: Las palabras que decimos.

Vocabulario de lectura: Las palabras que leemos.

Vocabulario de escritura: Las palabras que escribimos.

ACTIVIDADES PARA LA CONSTRUCCIÓN DEL VOCABULARIO

PALABRAS PARA LA NO FICCIÓN

Escoja un libro de no ficción. Lea el libro a su hijo en voz alta. Hablen acerca de las palabras nuevas que encontraron. Pida a su hijo que comparta con otros las palabras que aprendió.

CONVERSACIÓN CON PALABRAS NUEVAS

Presente una palabra nueva a su hijo dándole una definición simple. Luego, dele un ejemplo que se relacione con las experiencias de su hijo. Pida a su hijo que también piense en un ejemplo. En los siguientes días, encuentre la oportunidad de usar la palabra nueva mientras conversa con él.

LECTURA DE PALABRAS NUEVAS

Cuando su hijo esté leyendo, está bien que se detengan a hablar de una palabra nueva. Lean de nuevo la oración y pregunte a su hijo qué piensa que significa. Dele una definición para niños. Ayude a su hijo a hacer una conexión personal con la palabra.

MI DIARIO DE PALABRAS

Pida a su hijo que haga un diario de palabras. Use un cuaderno con espiral o una libreta. Escriba una palabra nueva para el vocabulario en cada página. Dibuje una representación de la palabra. Escriba una definición para niños. Escriba una oración que use esa palabra.

LA COMPRENSIÓN: ENTENDIENDO LO LEÍDO

La comprensión de la lectura es la esencia de la lectura misma. Es la habilidad que se tiene para entender los significados de lo leído. Es una habilidad compleja que se desarrolla con el tiempo. Los niños pueden comenzar a crecer en esta área dándose tiempo para pensar en lo que acaban de leer. Al leer, las mentes de los niños deben ser «encendidas» y pensar activamente sobre lo que están leyendo.

Los niños que cursan el tercer grado deben ser capaces de entender libros que leen por sí mismos, así como los libros que les son leídos. Pueden responder preguntas sobre una historia. Pueden encontrar evidencias buscando en las páginas del libro. Tratándose de libros de ficción, son capaces de hablar de los personajes, escenarios y sucesos principales. Tratándose de libros de no ficción, pueden repetir datos importantes del libro respondiendo a las preguntas quién, qué, cuándo, dónde y por qué.

LOL!	Pasaje divertido.
*	Pasaje importante.
!	Pasaje sorprendente o impactante.
?	Pasaje confuso o palabra desconocida.
✳	Pasaje donde hice una conexión.
👁	Pasaje donde visualicé algo.
☁	Pasaje donde predije algo.
🔍	Pasaje donde entendí algo.

LECTURA ACTIVA

La lectura activa ocurre cuando el lector se concentra e involucra en el texto. El lector piensa en lo que está siendo leído y hace conexiones. Este tipo de lectura es esencial para la comprensión.

Puede ayudar a su hijo a practicar la lectura activa dibujando símbolos en notas adhesivas que muestren lo que está pensando mientras lee. Use los ejemplos de arriba.

ACTIVIDADES PARA FORTALECER LA LECTURA DE COMPRENSIÓN

LECTURA COMPARTIDA

Escojan un libro. Lea en voz alta el primer párrafo o las dos primeras oraciones. Hablen acerca de lo leído. Pida a su hijo que lea el párrafo siguiente o par de oraciones. Continúen hablando de la historia mientras leen de manera compartida.

HAZ UNA NOTA (LIBROS DE NO FICCIÓN)

Dobla una hoja de papel en cuatro. Al centro del papel, anota el tema principal del libro. Luego, en cada sección, anota e ilustra un dato acerca del tema.

INICIO-MITAD-FIN (LIBROS DE FICCIÓN)

Dobla una hoja de papel en tres partes. En la primera sección, dibuja y anota bajo una imagen lo que sucedió al inicio de la historia. En la segunda sección, dibuja y anota bajo una imagen lo que sucedió a la mitad. En la tercera sección, dibuja y anota bajo una imagen lo que sucedió al final de la historia. Usa los dibujos para hablar acerca de la historia y contarla con palabras propias.

PREGUNTAS DE COMPRENSIÓN

Para libros de no ficción (el mundo real)

Antes de leer
- ¿Qué título tiene? ¿Qué pistas te da el título acerca del libro?
- ¿Qué piensas que aprenderás leyendo este libro?

Durante la lectura
- ¿Qué dudas tienes?
- ¿De qué manera las imágenes y sus pies de foto te ayudan a entender las palabras?

Después de la lectura
- ¿De qué trata principalmente el libro? ¿Por qué ese tema es importante?
- ¿Qué aprendiste?
- ¿Qué hizo el autor para que fuera más fácil encontrar la información (a través de encabezados, gráficos, etc.)?

Para libros de ficción

Antes de leer
- ¿Quién es el autor? ¿Quién es el ilustrador? ¿A qué se dedican?
- ¿Qué piensas que sucederá en la historia?

Durante la lectura
- ¿Qué piensas que sucederá después? ¿Cómo piensas que reaccionarán los personajes?
- ¿Por qué piensas que el personaje hizo o dijo eso?

Después de la lectura
- ¿Cuál es el problema que plantea la historia? ¿Cómo fue solucionado el problema?
- ¿La historia tiene alguna moraleja o lección?
- ¿Cómo cambia el personaje principal desde el principio hasta el final?

LA ESCRITURA: DEMOSTRANDO LA COMPRENSIÓN

Con frecuencia, a los niños se les pide que escriban sobre lo que leyeron. También escriben para hablar de sus propias ideas. Cuando los niños escriben, demuestran su conocimiento del método fonético (phonics), de palabras de alta frecuencia, su vocabulario y más. Muestran que han internalizado lo que aprendieron y que lo hicieron propio.

Los estudiantes de tercer grado escriben para expresar sus ideas de maneras más sofisticadas. Sus oraciones son más largas y contienen más significados. Su ortografía es más precisa. La puntuación es usada de manera adecuada. Hay concordancia entre el sujeto y el predicado.

CUANDO ESCRIBIR SE VUELVE DIFÍCIL

- En la computadora, use una función de texto a voz. Luego, pida a su hijo que copie a mano en una hoja de papel.

- Use un mapa conceptual. Escriba el tema en un recuadro en la parte superior de una hoja de papel. Debajo, dibuje tres recuadros más pequeños. Escriba o dibuje un pasaje o ejemplo en cada uno de los recuadros pequeños. Use el mapa para ayudarlo a escribir un párrafo.

- Pida a su hijo que le diga qué escribir. Ayúdelo a formar las oraciones. Cuando acabe, su hijo puede copiar lo que usted escribió.

- Cuando su hijo comience a escribir, programe un temporizador por diez minutos. Cuando suene la alarma, tome un descanso de diez minutos. Continúe haciendo lo mismo hasta que el proceso de escritura esté concluido.

ACTIVIDADES PARA FORTALECER LAS HABILIDADES DE ESCRITURA

PALABRAS VIVAS

Good, big, nice. Algunas palabras son genéricas y no hacen que la escritura sea atractiva. En una libreta, escribe una palabra genérica en la parte superior de la página. Debajo, escribe palabras más descriptivas que puedan reemplazarlas. Conforme encuentres más palabras para dar más «vida» a tu escritura, agrégalas a tu libreta. Usa estos ejemplos:

good: *excellent, delightful, amazing*
big: *huge, gigantic, enormous*
nice: *kind, thoughtful, gracious*

FUSIÓN DE ORACIONES

Anime a su hijo a escribir oraciones más largas y complejas al fusionar dos oraciones cortas. Conviértalo en un juego. Dé a usted y a su hijo pares de oraciones cortas para fusionar en una oración larga. ¿A cada oración se le podría agregar aún más información? Use estos ejemplos:

The corn was tasty.
The beans were tasty.
The corn and beans were tasty.

It was a nice day.
We had a picnic.
It was a nice day, so we had a picnic.

MANTÉN UN DIARIO

Anime a su hijo a que tenga un diario. Podría hacer anotaciones diarias, preguntas, dibujos, ideas y listas. Ocasionalmente, dele ideas para las anotaciones. Por ejemplo, diga: «Escribe acerca de lo que te gustaría hacer este verano» o «Escribe algo sobre lo que tengas dudas».

LISTA DE EDICIÓN

Lee en voz alta. ¿Tiene sentido lo que dices?

✔ ¿Faltan algunas palabras?

✔ ¿Todos los sujetos concuerdan con sus predicados?

✔ ¿La puntuación de cada oración es correcta?

✔ ¿Las oraciones y nombres propios están escritos con mayúscula inicial?

✔ ¿Todas las palabras están escritas correctamente?

LA ESCRITURA: HACERLO CON UN OBJETIVO

Los estudiantes de tercer grado escriben por una variedad de razones. Escriben para contar experiencias personales y las experiencias de personajes ficticios. Escriben reportes, artículos y presentaciones para exponer informaciones y explicar hechos. Escriben cartas para convencer a otros de concordar con ellos. Los niños que escriben a esta edad están aprendiendo a pensar acerca de quiénes leerán lo que escriben y cómo asegurarse de que su escritura le hable a su audiencia específica.

Los estudiantes de tercer grado pueden escribir un ensayo simple que incluya la expresión del tema o idea principal y una oración de conclusión. Con ayuda, continúan fortaleciendo sus habilidades de investigación, planeación, organización, revisión y edición. Pueden hacer uso de lineamientos para evaluar su escritura y entender lo que necesitan mejorar.

TIPOS DE ESCRITURA

Escritura narrativa: Cuenta una historia.

Escritura informativa: Proporciona información.

Escritura de opinión: Expresa una opinión.

CÓMO ESCRIBIR UN PÁRRAFO

Un párrafo que proporciona información o expresa una opinión puede ser escrito con cinco oraciones. La primera oración es la idea principal u oración temática que expresa lo que se explicará en el párrafo. Las tres oraciones siguientes contienen detalles o ejemplos que fortalecen, demuestran o explican la idea principal. La quinta y última oración concluye el párrafo. Los niños pueden usar sus dedos para recordar las partes necesarias para escribir un buen párrafo.

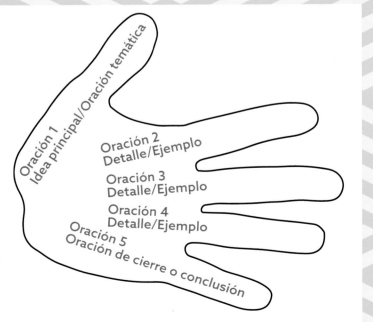

Oración 1
Idea principal/Oración temática

Oración 2
Detalle/Ejemplo

Oración 3
Detalle/Ejemplo

Oración 4
Detalle/Ejemplo

Oración 5
Oración de cierre o conclusión

ACTIVIDADES PARA FORTALECER LAS HABILIDADES DE ESCRITURA

DETALLES, POR FAVOR

Escoja un libro de no ficción. Escriba el tema del libro en el centro de una página de papel y enciérrela en un círculo. Mientras su hijo lee, anote detalles dentro de más círculos alrededor del círculo central. Trace una línea para conectar cada detalle con el tema. Una vez que haya al menos cuatro detalles, ayude a su hijo a escribir un párrafo sencillo sobre el tema.

HISTORIAS FAMILIARES

Anime a su hijo a aprender acerca de la historia de su familia hablando con usted y otros familiares sobre anécdotas y sucesos del pasado. ¿Qué deporte jugaba su abuelo cuando era joven? ¿Qué le pasó a la tía Rosita en una acampada? Su hijo puede escuchar muchas historias y escoger su favorita para luego escribirla e ilustrarla. Compartan la historia escrita con los miembros de la familia.

LINEAMIENTOS PARA ESCRITURA INFORMATIVA Y DE OPINIÓN

Ayude a su hijo a usar lineamientos para que pueda entender mejor lo que se espera de su escritura. Lea y revise estos lineamientos muestra con su hijo.

Estándar	1 Requiere de ayuda	2 Se acerca al estándar	3 Cumple con el estándar	4 Supera el estándar
Introduce el tema. Agrupa en un mismo lugar información relacionada.	No introduce el tema o no agrupa la información relacionada.	Intenta introducir un tema y agrupar información relacionada.	Introduce el tema y agrupa información relacionada.	Proporciona una introducción sólida al tema y agrupa información relacionada.
Desarrolla el tema a través de hechos y datos.	No desarrolla el tema a través de hechos y datos.	Intenta desarrollar el tema a través de hechos y datos.	Desarrolla el tema a través de hechos y datos.	Desarrolla el tema a través de muchos hechos y datos.
Proporciona una oración o sección de cierre.	No proporciona una oración o sección de cierre.	Intenta proporcionar una oración o sección de cierre.	Proporciona una oración o sección de cierre.	Proporciona una oración o sección de cierre robusta.
Demuestra un dominio en el uso de mayúsculas y minúsculas, la puntuación y la ortografía.	No demuestra un dominio en el uso de mayúsculas y minúsculas, la puntuación y la ortografía.	Intenta dominar el uso de mayúsculas y minúsculas, la puntuación y la ortografía.	Demuestra un dominio en el uso de mayúsculas y minúsculas, la puntuación y la ortografía.	Demuestra un excelente dominio en el uso de mayúsculas y minúsculas, la puntuación y la ortografía.

LA ORTOGRAFÍA:
USANDO EL CÓDIGO

Cuando los niños pronuncian una palabra, usan sus conocimientos del código del método fonético (phonics) para decodificarla. Por el contrario, cuando deletrean una palabra, usan sus conocimientos del código del método fonético para codificarla. Deben emparejar una letra o grupo de letras con cada uno de los sonidos que escuchan dentro de una palabra. Usualmente, los niños pueden leer las palabras antes de poder deletrearlas. Pero practicar el deletreo mejora las habilidades de lectura. Los buenos deletreadores son generalmente buenos lectores y viceversa.

Los estudiantes de tercer grado practican el deletreo de palabras que siguen las reglas del método fonético. También deletrean palabras de uso frecuente que no siguen las reglas del método fonético. Los estudiantes de tercer grado están aprendiendo a deletrear muchas palabras de dos sílabas, incluyendo palabras con consonantes dobles como *happy* y *rabbit*. Palabras homófonas comunes, como *there* y *their* también forman parte de las listas ortográficas semanales.

APRENDIENDO A ESCRIBIR PALABRAS FUERA DE LA NORMA

Muchas palabras del inglés no siguen las reglas del método fonético. Aun así, es importante que los niños sepan cómo escribirlas correctamente. Pruebe estas estrategias:

Di, deletrea y escribe, lee y subraya: Di la palabra. Escríbela mientras dices el nombre de cada letra. Subraya la palabra de izquierda a derecha mientras la lees. Hazlo cinco veces seguidas.

Triángulo de palabras: Di la palabra. Escribe la primera letra. Di la palabra. Escribe las primeras dos letras. Di la palabra. Escribe las primeras tres letras. Continúa así hasta que la palabra quede escrita. Luego, di la palabra y escríbela tres veces más. Ve el ejemplo a la derecha.

d
do
doe
does
does
does
does

Trázala: Escribe la palabra y léela. Traza cada letra con tu dedo mientras dices su nombre. Con un dedo recorre la palabra por debajo, de izquierda a derecha, mientras la lees. Repítela tres veces. Luego, cierra los ojos y usa el dedo para escribir cada letra de la palabra en el aire.

Sepárala: Separa una palabra larga en sílabas o grupos de letras. Di la palabra. Escribe cada parte de ella, diciendo los nombres de las letras conforme las escribes. Haz una pausa después de cada grupo. Lee la palabra. Repítela tres veces.

second: sec-ond   OR   se-co-nd

ACTIVIDADES PARA FORTALECER LAS HABILIDADES ORTOGRÁFICAS

ENCUÉNTRALA

Escriba dos listas de palabras, una al lado de otra, de manera que cada par muestre una palabra escrita correctamente y otra escrita incorrectamente. Pida a su hijo que encuentre las palabras escritas correctamente.

TRUCOS HOMÓFONOS

Algunas palabras tienen el mismo sonido, pero diferentes significados y ortografía. Usa los trucos de abajo para recordar las diferencias entre palabras homófonas. Crea tus propios trucos:

here and *hear*: I use my <u>ear</u> to h<u>ear</u>.

to and *too*: There are t<u>oo</u> many <u>o</u>'s.

stair and *stare*: I climb the st<u>air</u> in the <u>air</u>.

TIREN LOS DADOS

Prepare un juego de 20 tarjetas con palabras para cada jugador. Escoja palabras adecuadas para el grado escolar de cada niño. Use palabras visuales, palabras de listas ortográficas previas de su hijo o palabras adecuadas al grado escolar que corresponda que encuentre en línea. Coloque cada juego de tarjetas boca abajo. El primer jugador tirará un dado y sacará de su juego de tarjetas el número de estas que corresponda (si el dado cae en 4, deberá sacar 4 tarjetas). Pida a alguien que lea cada palabra en voz alta mientras el jugador la deletrea. El jugador se queda con la carta de cada palabra que haya deletreado correctamente. Si da una respuesta incorrecta, la tarjeta deberá ser regresada al juego de tarjetas. Túrnense para tirar el dado, sacar tarjetas y deletrear. El primer jugador que tenga 10 tarjetas gana.

QUÉ HACER CUANDO SU HIJO ENFRENTA DIFICULTADES

Como padre de familia, es frustrante que su hijo enfrente dificultades. Cuando sucede, es importante que busque ayuda. Comience por el profesor titular de su hijo, quien podría darle una atención más personalizada e indicarle estrategias para llevar a cabo en casa. También puede ponerse en contacto con un especialista de lectura o un maestro de educación especial en su escuela o distrito escolar. Tutores, profesionales de la educación privados y clínicas de lectura son otras opciones para ayudar a su hijo.

Si su hijo continúa experimentando dificultades, pida a la escuela una reunión en la que se incluya al profesor titular, al orientador de lectura o lingüística, al psicólogo escolar, al consejero escolar y al profesor de educación especial.

Será una oportunidad para que todos sean honestos y abiertos de una manera solidaria. El propósito de dicha reunión sería reunir información para decidir cómo proceder. Algunos resultados posibles serían la aplicación de una evaluación formal para el ingreso a educación especial, creación de un Plan 504 o un Plan de Educación Individualizada (Individualized Education Plan, IEP), clases intensivas por parte del profesor titular o consultas con un pediatra para un posible diagnóstico médico.

PREGUNTAS PARA LA DISCUSIÓN EN GRUPO

- ¿El niño muestra problemas de atención en la escuela? ¿En casa?
- ¿Una asistencia baja está causándole un impacto?
- ¿Cuándo fue la última vez que la vista y el oído del niño fueron evaluados?
- ¿El niño enfrentó dificultades con la lectura en grados escolares anteriores?
- ¿Qué estrategias y apoyos han sido aplicados? ¿Tuvieron éxito?
- ¿El niño tiene alguna condición médica que podría causar un impacto en el aprendizaje?

HABILIDADES DE ESTUDIO

Conforme su hijo comience a tener más tarea, necesitará aprender buenos hábitos de estudio. Estos incluyen la organización de su mochila, la segmentación de sus deberes y la toma de notas. Los niños que desarrollan estas habilidades en la escuela primaria tienen más éxito en la escuela media, la secundaria y más allá.

ORGANIZACIÓN DE LA MOCHILA

Una mochila organizada ahorra tiempo y ayudará a su hijo a estar mejor preparado. Destine un poco de tiempo cada semana para limpiar y reorganizarla con su hijo.

1. Comiencen con una mochila limpia y vacía.
2. Coloquen lo útiles escolares sueltos en contenedores.
3. Destinen un lugar para cada cosa y asegúrense de que todo sea colocado en su sitio.
4. Hagan una carpeta llamada «De la escuela a la casa» para poner las circulares informativas y trabajos y exámenes calificados. Pida a su hijo que coloque el contenido de esta carpeta en un contenedor especial en casa y que regrese de inmediato a la mochila la carpeta vacía.
5. Hagan una carpeta para las tareas que sea diferente de la carpeta «De la escuela a la casa».
6. Hagan uso de la agenda o planeador que les proporcione o recomiende la escuela de su hijo.
7. Pida libros de texto extra para tenerlos en casa, en caso de que las versiones en línea no estén disponibles.

UN LUGAR PARA ESTUDIAR

Es útil destinar un lugar para que su hijo haga la tarea, estudie para sus exámenes y complete sus proyectos. Siga estos lineamientos:

- Escojan un lugar silencioso y privado.
- Consigan un escritorio o mesa de buen tamaño y una silla cómoda.
- Asegúrense de que haya una buena iluminación.
- Coloquen los útiles escolares a la mano.
- Adicionen repisas y cestos para asegurar un buen espacio de almacenamiento y organización.

ESTABLEZCAN RUTINAS

La rutina ayuda a su hijo a poner en práctica buenos hábitos. Las listas de verificación que su hijo y usted elaboren pueden servir de recordatorios útiles. Cuélguelas en la casa, en áreas fáciles de visualizar. Use como guía esta muestra de una lista de verificación para el regreso de la escuela:

✔ Vacía tu carpeta «De la escuela a la casa».

✔ Come un bocadillo.

✔ Haz tu tarea.

✔ Pon la mesa para la cena.

✔ Lee por 30 minutos.

✔ Practica las tablas de multiplicación.

GLOSARIO

alfabetización: El desarrollo de las habilidades para leer y escribir.

ciencia de la lectura: Un cuerpo de investigación que muestra los aspectos más importantes y efectivos de la educación para la lectura.

comprensión de lectura: La habilidad para entender e interpretar lo que se lee.

conciencia fonémica: La habilidad para identificar y manipular sonidos individuales en palabras habladas.

conciencia fonológica: La habilidad para identificar y manipular sílabas y otras partes de las palabras habladas.

decodificar: La habilidad para pronunciar las palabras escritas.

ELA: English language arts (Lengua y Literatura del Inglés).

ELL: English language learner (estudiante del idioma inglés).

ESE: Exceptional student education (educación para estudiantes excepcionales).

estándares: Oraciones simples que describen lo que los estudiantes deberían saber o saben como resultado de lo que están aprendiendo en la escuela.

fluidez: La habilidad para leer con rapidez, precisión y una expresión adecuada.

IEP: Individualized education plan (plan de educación individualizada). Un plan personalizado que describe las clases, apoyos y servicios de educación especializada que un niño necesita.

lectura activa: Cuando un lector piensa acerca del texto que lee y está concentrado e involucrado en él.

método fonético (phonics): El emparejamiento del inglés hablado con letras individuales o grupos de letras; la relación entre sonidos y letras.

nivel Lexile: Una medición científica de la complejidad y legibilidad de un texto.

palabra de alta frecuencia: Una palabra que suele aparecer en materiales escritos y que puede ser decodificada usando reglas comunes del método fonético (phonics).

palabra visual: Una palabra que aparece con frecuencia en materiales escritos y que puede ser difícil de decodificar usando las reglas comunes del método fonético (phonics).

Plan 504: Un plan que describe los ajustes que hará la escuela para acompañar la educación del alumno.

RTI: Response to intervention (respuesta a la intervención). Una estrategia educativa que busca identificar de manera temprana a los estudiantes que enfrentan dificultades y proporcionarles el apoyo que necesitan para tener éxito en la escuela.

sílaba: Una parte de una palabra que contiene el sonido de una vocal.

Tier 1 instruction (clases de nivel 1): Clases para todos los estudiantes del grupo basadas en los estándares de aprendizaje del grado que corresponda.

Tier 2 instruction (clases de nivel 2): Clases para grupos pequeños de estudiantes que demuestran dificultades menores en áreas específicas.

Tier 3 instruction (clases de nivel 3): Clases para grupos pequeños de estudiantes que requieren de ayuda y apoyo más intensivos.

vocabulario: El conocimiento de palabras y su significado.

INFORMACIÓN ADICIONAL (EN INGLÉS)

Para saber más acerca de la ciencia de la lectura:
https://teacherblog.evan-moor.com/2022/05/02/what-parents-need-to-know-about-the-science-of-reading/

Para saber más acerca de las conciencias fonológica y fonémica:
https://readingteacher.com/what-is-phonological-awareness-and-why-is-it-important/

Para saber más acerca del método fonético (phonics) y la decodificación:
https://www.twinkl.com/teaching-wiki/decoding

Para saber más acerca del desarrollo del vocabulario:
https://www.edutopia.org/article/6-quick-strategies-build-vocabulary/

Para saber más acerca la comprensión de lectura:
https://www.readnaturally.com/research/5-components-of-reading/comprehension

Para saber más acerca los IEP y los Planes 504:
https://www.understood.org/en/articles/the-difference-between-ieps-and-504-plans

Parte de la información contenida en este libro provino de los siguientes sitios web:
- Florida Center for Reading Research https://fcrr.org
- Home Reading Helper https://www.homereadinghelper.org
- International Dyslexia Association https://dyslexiaida.org
- North Carolina Department of Public Instruction https://www.dpi.nc.gov
- Reading Rockets https://www.readingrockets.org
- North Carolina Department of Public Instruction https://www.dpi.nc.gov
- Reading Rockets https://www.readingrockets.org

Escrito por Madison Parker, M.Ed.
Diseño de Rhea Magaro-Wallace
Desarrollo de la serie de James Earley
Edición de Kim Thompson
Traducción de Base Tres

Photo credits: Shutterstock

Library of Congress PCN Data
Ayudando a mi hijo con la lectura: 3er grado / Madison Parker, M.Ed.
Una guía para el acompañamiento lector
ISBN 979-8-8904-2936-0 (hardcover)
ISBN 979-8-8904-2928-5 (paperback)
ISBN 979-8-8904-2944-5 (eBook)
ISBN 979-8-8904-2952-0 (ePUB)
Library of Congress Control Number: 2024932667
Printed in the United States/052024/PP20240503

Seahorse Publishing Company

www.seahorsepub.com

Published in the United States
Seahorse Publishing
PO Box 771325
Coral Springs, FL 33077

SEAHORSE PUBLISHING